PRACTICE
MAKES
PERFECT™

German
Conversation

Ed Swick

Mc
Graw
Hill

New York Chicago San Francisco Lisbon London Madrid Mexico City
Milan New Delhi San Juan Seoul Singapore Sydney Toronto

Contents

Acknowledgment

Many thanks to Stefan Feyen for his advice and keen eye for detail.

Introduction

In the *Practice Makes Perfect* series of German books, the books are designed around a specific grammatical or structural topic. This book, however, is designed to provide linguistic scenarios that reinforce conversational language. Grammar and vocabulary are of course used in all foreign-language books and therefore appear in this book as well. However, the main goal here is to develop conversational skills in German, not just to practice grammatical structures and vocabulary.

How to use this book

Each chapter begins with a dialogue on a topic that is the basis for the content of the chapter. The dialogues are relatively short and are written in natural language appropriate for intermediate readers. Following each dialogue is a series of questions that check for a basic understanding of the dialogue and competence with new, important conversational structures.

Although lists of words and phrases are provided, they are not composed of random words and phrases but rather of terms that are linked to the topic of the chapter. Then the words and phrases are introduced again, but this time in complete sentences appropriate for a conversation on the topic of the chapter.

Numerous exercises are provided to give detailed practice with the new words and phrases. Some of the exercises repeat an important grammatical concept and simultaneously use that concept as a vehicle for manipulation of the new conversational material. Other exercises check for comprehension or the ability to use new words in a useful phrase.

The reader should not forget that this book practices *conversational* German. Therefore, it is important that every German word and phrase be pronounced out loud. Conversations, in any language, are not merely silent thoughts in one's head. They are spoken entities. When working with the introductory dialogues, say each line out loud, and you cannot say them smoothly, practice them until you can say them with ease. And, of course, always think about the meaning of each line. Readers have to know what they are talking about.

Read all the lists of words, phrases, and sentences out loud as well and, again, practice them until you can say them smoothly. Do the same for the exercises. Write down the answers to the exercises, but don't stop there. Read the exercise aloud and then practice reading your answers aloud until you can say them easily and naturally.

At the end of the book there is an Answer key. Be sure to check your answers againt the Answer key before practicing saying them out loud.

German alphabet and pronunciation

German, like English and many other European languages, is written using the Latin alphabet. Use the following descriptions of German letters and their pronunciations to guide you through this book. When in doubt about how to pronounce a word, ask a German-speaking friend or consult a dictionary.

LETTER	PHONETICS	EXAMPLE	ENGLISH
Aa	ah	sah	*saw*
Bb	bay	Ball	*ball*
Cc	tsay	Cent	*cent*
Dd	day	da	*there*
Ee	ay	weh	*sore*
Ff	eff	fiel	*fell*
Gg	gay	Garten	*garden*
Hh	hah	Haus	*house*
Ii	ee	ich	*I*
Jj	yawt	ja	*yes*
Kk	kah	Kind	*child*
Ll	ell	Lamm	*lamb*
Mm	emm	Mann	*man*
Nn	enn	nein	*no*
Oo	oh	Oma	*granny*
Pp	pay	Park	*park*
Qq	koo	Quark	*curd cheese*
Rr	air	rot	*red*
Ss	ess	was	*what*
Tt	tay	Tag	*day*
Uu	oo	tut	*does*
Vv	fow	vier	*four*
Ww	vay	wo	*where*
Xx	ix	fixieren	*to fix*
Yy	uepsilon	Gymnasium	*preparatory school*
Zz	tset	zehn	*ten*

Special letters

An **umlaut** is two dots that can be placed over any of three vowels to alter their pronunciation. These vowels are **Ää, Öö,** and **Üü.** In addition, there is a special letter, called **ess-tset**, which is a combination of the earlier forms of **s** and **z** and looks like this: **ß.**

The vowel **Ää** is pronounced very much like the German **Ee.** The vowel **Öö** sounds something like the English sound *er* in the word *her,* but with the *r* muted. The sound of the vowel **Üü** is made by pursing your lips to say *oo* while pronouncing *ee* with the rest of your mouth. Note that the vowel **Yy** is pronounced in much the same way as **Üü**.

spät	*late*	shpate
können	*to be able to*	ker-nen
führen	*to lead*	fue-ren

The sound of **ß** is identical to the double *s* sound in English. For example:

weiß	*white*	vice

Now let's look at certain letter combinations that have their own unique sounds.

LETTER	PHONETICS	EXAMPLE	ENGLISH
ch	*raspy* ch *as in Scottish* loch	nach	*after*
sch	sh	waschen	*to wash*
sp	shp	sparen	*to save*
st	sht	Straße	*street*
au	ow	Frau	*woman*
äu	oy	läuft	*runs*
eu	oy	Freund	*friend*
ei	aye	mein	*my*
ie	ee	wie	*how*
th	t	Theater	*theater*
v	f, *but* v *in foreign words*	von / Vase	*from* / *vase*
tz	ts	Katze	*cat*

Some consonants are *voiced*; in other words, a sound is made in the throat when the consonant is pronounced. The voiced consonants are **b, d,** and **g.** When voiced consonants appear at the end of a word, they change to their *voiceless* counterparts. The voiceless consonants are **p, t,** and **k.**

IF A WORD ENDS IN	PRONOUNCE IT AS	EXAMPLE	PRONUNCIATION
b	p	Leib *body*	lipe
d	t	Rad *wheel*	raht
g	k	Weg *path*	vayk

Speaking a new language is not an insurmountable task. It just takes consistent effort and practice. If you work at your own comfortable pace, your goals for learning German will be achieved in time and with practice. Practice makes perfect. *Arbeit macht den Meister.*

Greetings and introductions

Conversation: **In der Hauptstraße (On Main Street)**

Just like English speakers, Germans have a variety of ways of greeting one another. Consider the greetings used in the following dialogue.

Sabine: Hallo, Erik. **Wie geht's?**	*Hi, Erik. How are you?*
Erik: Guten Tag, Sabine. Es **geht** mir sehr gut. Danke. Und dir?	*Hello, Sabine. I'm doing very well. Thanks. And you?*
Sabine: Nicht schlecht. Wohin gehst **du?**	*Not bad. Where are you going?*
Erik: Zum Bahnhof. Ich hole meine Cousine ab.	*To the railroad station. I'm picking up my cousin.*
Sabine: Kenne ich deine Cousine? Wie heißt sie?	*Do I know your cousin? What's her name?*
Erik: Sie heißt Tina. **Du wirst** sie auf der Party kennen lernen.	*Her name is Tina. You'll meet her at the party.*
Sabine: Wie schön. Aber ich habe es eilig. **Wiedersehen!**	*How nice. But I'm in a hurry. Good-bye!*
Erik: Tschüs!	*So long!*

ÜBUNG
1·1

*Based upon the dialogue **In der Hauptstraße**, supply a logical response to each statement or question.*

1. Wie geht es Erik?

   _____

2. Es geht mir gut. Und dir?

   _____

3. Ich hole meine Cousine ab.

   _____

Wie geht's?

When asking how someone is, use the phrase **Wie geht's?** But remember that this expression is used informally. The formal phrase is **Wie geht es Ihnen?** Let's look at how variations of this phrase are used in a few different sentences. Always read each line out loud.

Thomas, wie **geht's**?	*Thomas, how are you?*
Maria, wie **geht es** dir?	*Maria, how are you?*
Herr Schneider, wie **geht es** Ihnen?	*Mr. Schneider, how are you?*
Frau Dorf, **geht es** Ihnen gut?	*Mrs. Dorf, are you doing well?*
Wie **geht es** Onkel Bertolt?	*How is Uncle Bertolt doing?*

Depending upon how someone feels, there are different ways of responding to **Wie geht's?** For example:

Danke, **es geht** mir gut.	*Thanks, I'm doing well.*
Es geht mir sehr gut.	*I'm doing very well.*
Es geht mir ziemlich gut.	*I'm doing rather well.*
Es geht ihm schlecht.	*He's not doing well.*
Es geht ihm wunderbar.	*He's doing wonderfully.*

You can also ask more specifically about someone's health. Again, there is more than one way to respond.

Bist du krank?	*Are you sick?*
Nein, ich bin nicht krank.	*No, I'm not sick.*
Sind Sie wieder gesund?	*Are you well again?*
Ja, ganz gesund.	*Yes, quite well.*
Noch nicht.	*Not yet.*

Guten Tag!

In the dialogue, Erik said *hello* by using the phrase **Guten Tag!** Those words literally mean *good day*. Depending on the time of day, the way you say hello can change, but no matter the form, they can all mean *hello*. For example:

Guten Morgen!	*Good morning. / Hello.*
Guten Tag!	*Good day. / Hello.*
Guten Abend!	*Good evening. / Hello.*

The phrase **Gute Nacht**, or *good night*, is usually said when you are leaving the person with whom you are speaking and it is nighttime, or when going to bed.

Gute Nacht!	*Good night.*

There is a variety of expressions used for saying *good-bye*.

Auf Wiedersehen! / Wiedersehen!	*Good-bye. / Bye.*
Auf Wiedersehen in Berlin!	*Until we see one another in Berlin.*
Auf Wiedersehen bis nächste Woche!	*Until we see one another next week.*
Auf Wiederschauen! / Wiederschauen!	*Good-bye. / Bye. (Often used in the south.)*

Just like English speakers, Germans have a few casual ways of saying good-bye.

Tschüs!	*So long.*
Bis später!	*See you later.*
Bis dann!	*Till then. See you later.*

Du

If you have an informal relationship with someone, you can address him or her with **du**. There is a verb that describes this informal relationship: **duzen** (*to say **du** to one another*).

Erik und Sabine **duzen** sich.   *Erik and Sabine say **du** to one another.*

Sie

If a relationship is formal, you address someone with **Sie**. The verb that describes this relationship is **siezen** (*to say **Sie** to one another*).

Herr Benz und Frau Schmidt **siezen** sich.   *Mr. Benz and Ms. Schmidt say **Sie** to one another.*

Sein and werden

You are probably aware that the verbs **sein** (*to be*) and **werden** (*to become/shall/will*) are high-frequency verbs and have numerous uses in German.

Let's review the present-tense conjugations of **sein** and **werden**.

ich bin	*I am*	wir sind	*we are*
du bist	*you are* (informal)	ihr seid	*you are* (plural of **du**)
er/sie/es ist	*he/she/it is*	Sie sind	*you are* (formal)
		sie sind	*they are*
ich werde	*I become/shall*	wir werden	*we become/shall*
du wirst	*you become/will*	ihr werdet	*you become/will*
er/sie/es wird	*he becomes/will*	Sie werden	*you become/will*
		sie werden	*they become/will*

ÜBUNG
1·2

Put each group of sentences in the correct order for a conversation between two people.

1. Guten Abend. Wie geht es Ihnen? / Guten Abend, Herr Schmidt. / Danke, es geht mir gut.

_____

_____

_____

2. Maria kennt Erik nicht gut. / Duzen Maria und Erik sich? / Nein, sie siezen sich.

_____

_____

_____

3. Siezt Martin Frau Keller? / Ist sie seine Tante? / Nein, sie duzen sich.

_____

_____

_____

4. Ist Frau Benz wieder krank? / Wie geht es Frau Benz? / Nicht gut.

_____

_____

_____

5. Nein, ich kenne ihn nicht. / Ich stelle ihn vor. / Kennen Sie meinen Onkel?

_____

_____

_____

6. Das ist Frau Schneider. / Wer ist das? / Wirst du sie mir vorstellen?

_____

_____

_____

7. Hallo, Sabine. / Leider (*unfortunately*) habe ich es eilig. Tschüs! / Guten Morgen, Erik.

_____

_____

_____

8. Auf Wiedersehen. / Ich habe es eilig. Ich hole meine Tante ab. / Wiedersehen!

_____

_____

_____

9. Werde ich sie auf der Party kennen lernen? / Mein Bruder. Er holt meine Cousine ab. / Wer geht zum Bahnhof?

_____

_____

_____

10. Es geht mir ganz gut, danke. / Guten Morgen, Sabine. Wie geht's? / Hallo, Martin.

_____

_____

_____

Du oder Sie?

Although many young Germans are quick to use **du** in their relationships, it is still common to abide by the practice of using **Sie** to show respect for someone who is older or in a position of authority. The pronoun **Sie** is almost always preferred among adults who are strangers to one another. Germans understand that many foreigners do not make this differentiation between varieties of the pronoun *you* (**du, ihr,** and **Sie**) in their own language and therefore do not consider it a calamity if someone makes a mistake in their choice of pronoun for *you*. If you find the practice strange or awkward, be patient, for in time it will become second nature to use **du, ihr,** and **Sie** correctly.

The possessive adjective form for **du, ihr,** or **Sie** must also be chosen using the appropriate level of formality and number (singular or plural). For example:

Du stellst **deinen** Freund vor.	*You introduce your friend.*
Ihr stellt **eure** Eltern vor.	*You introduce your parents.*
Sie stellen **Ihren** Bruder vor.	*You introduce your brother.*

ÜBUNG
1·3

*Rewrite the dialogue **In der Hauptstraße** as a dialogue between two people (**Frau Keller** and **Doktor Paulus**) who have a formal relationship and address one another with **Sie**. Keep all the lines of the original dialogue, making only the changes necessary to show a formal relationship.*

Frau Keller: _____

Doktor Paulus: _____

Frau Keller: _____

Doktor Paulus: _____

Frau Keller: _____

Doktor Paulus: _____

Frau Keller: _____

Doktor Paulus: _____

Based on the dialogue **In der Hauptstraße**, *supply a sentence that would be a logical response to each statement or question.*

1. Frau Keller, kennen Sie meine Cousine?

_____

2. Ich gehe zum Bahnhof.

_____

3. Sie werden meine Cousine auf der Party kennen lernen.

_____

Conversation: **An der Ecke** (On the corner)

Former neighbors meet on the street.

Herr Dorf: Guten Tag, Frau Schäfer. Wie geht es Ihnen?	*Hello, Ms. Schäfer. How are you?*
Frau Schäfer: Sehr gut. Und Ihnen?	*Very well. And you?*
Herr Dorf: Nicht schlecht. Wohin gehen Sie?	*Not bad. Where are you going?*
Frau Schäfer: Nach Hause. Wir haben jetzt eine Wohnung im Stadtzentrum.	*Home. We have an apartment downtown now.*
Herr Dorf: Wir wohnen noch in der Schillerstraße.	*We still live on Schiller Street.*
Frau Schäfer: Ach so. Was machen Sie gerade?	*I see. What are you doing now?*
Herr Dorf: Ich werde **meinen** Sohn besuchen. Er wohnt hier in der Stadt.	*I'm going to visit my son. He lives here in the city.*
Frau Schäfer: Grüßen Sie **Ihre** Familie von mir!	*Say hello to your family from me.*

ÜBUNG

1·5

Based on the dialogue **An der Ecke**, *supply a sentence that would be a logical response to each statement or question.*

1. Wir haben eine Wohnung im Stadtzentrum.

_____

2. Was machen Sie gerade?

_____

3. Mein Sohn wohnt in der Stadt.

_____

4. Wohin gehen Sie?

_____

_____

ÜBUNG
1·6

*Rewrite the dialogue **An der Ecke** as a dialogue between two people (Martin and Angela) who have an informal relationship and address one another with **du**. Keep all the lines of the original dialogue, making only the changes necessary to show an informal relationship.*

Martin: _____

Angela: _____

Martin: _____

Angela: _____

Martin: _____

Angela: _____

Martin: _____

Angela: _____

ÜBUNG
1·7

In each blank provided, supply a phrase or sentence that fits logically into the three-line dialogue. For example:

Thomas: Geht es dir gut?

Erik: _Nein, es geht mir schlecht._

Thomas: Bist du wieder krank?

1. **Sabine:** Kennst du meinen Bruder?

   Tina: Nein, ich kenne ihn noch nicht.

   Sabine: _____

2. **Erik:** Wen holst du ab?

   Karl: _____

   Erik: Ich kenne ihn nicht. Wie heißt er?

3. **Herr Keller:** Möchten Sie meinen Freund kennen lernen?

   Frau Benz: Ja, wie heißt er?

   Herr Keller: _____

4. **Maria:** Sind Sie krank, Frau Schneider?

   Frau Schneider: _____

   Maria: Es geht mir auch (*also*) gut.

5. **Thomas:** Wohin gehst du?

   Karl: _____

   Thomas: Holst du deine Tante ab?

6. **Maria:** Siezen sich Tina und Erik?

   Angela: _____

   Maria: Tina und Sabine duzen sich auch.

7. **Sabine:** Gehst du morgen zur Party?

   Martin: Ja. Aber ich habe es eilig. Tschüs!

   Sabine: _____

8. **Tina:** Wen stellt Erik vor?

   Thomas: _____

   Tina: Ich kenne ihn nicht. Wie heißt er?

9. **Frau Schneider:** Guten Tag, Doktor Paulus.

   Doktor Paulus: _____

   Frau Schneider: Ich habe es auch eilig. Auf Wiedersehen!

10. **Martin:** Das ist Peter Benz.

    Sabine: _____

    Martin: Nein, er ist ein Freund von Thomas Keller.

Introducing someone

When you introduce someone or make his or her acquaintance, that person is the direct object of the verb.

Here's an important reminder: German direct objects are in the accusative case, and masculine noun phrases change their form in the accusative case. The feminine, neuter, and plural are identical in both cases.

		NOMINATIVE		ACCUSATIVE
masc.	der nette Mann	*the nice man*	den netten Mann
	ein netter Mann	*a nice man*	einen netten Mann
	dieser nette Mann	*this nice man*	diesen netten Mann
fem.	die nette Frau	*the nice woman*	die nette Frau
	eine nette Frau	*a nice woman*	eine nette Frau
	diese nette Frau	*this nice woman*	diese nette Frau
neut.	das nette Kind	*the nice child*	das nette Kind
	ein nettes Kind	*a nice child*	ein nettes Kind
	dieses nette Kind	*this nice child*	dieses nette Kind
pl.	die netten Kinder	*the nice children*	die netten Kinder
	keine netten Kinder	*no nice children*	keine netten Kinder
	diese netten Kinder	*these nice children*	diese netten Kinder

ÜBUNG

1·8

Write each word or phrase as it would appear in the given line of dialogue. Note that each completion is a direct object.

Erik kennt _____ nicht.

1. das Mädchen (*girl*) _____

2. meine Verwandten _____

3. ihr Bruder _____

4. Herr Keller _____

5. dieser Lehrer _____

Darf ich _____ vorstellen?

6. ein Freund von mir _____

7. meine Bekannte _____

8. diese Dame (*lady*) _____

9. der Ausländer _____

10. die Ausländer _____

Möchtest du _____ kennen lernen?

11. mein Sohn _____

12. unsere Tochter _____

13. Frau Dorf _____

14. diese Touristen _____

15. sein Onkel _____

Die Kinder duzen _____.

16. Erik _____

17. ihr Freund _____

18. Sabine _____

19. eine Freundin (*girlfriend*) von mir _____

20. das Mädchen _____

Thomas wird _____ abholen.

21. meine Bekannte _____

22. Doktor Paulus _____

23. der Gast (*guest*) _____

24. seine Gäste _____

25. die Ärzte _____

The accusative and its possessive adjectives

Personal pronouns also have an accusative form. And when their possessive adjectives are used with nouns in the accusative case, they must add the appropriate ending.

NOMINATIVE	ACCUSATIVE	POSSESSIVE ADJECTIVE
ich	mich	mein
du	dich	dein
er	ihn	sein
sie (*s.*)	sie	ihr
es	es	sein
wir	uns	unser
ihr	euch	euer
Sie	Sie	Ihr
sie (*pl.*)	sie	ihr
wer	wen	wessen

Using the pronoun as your cue, ask who is visiting the person indicated. Then respond that Ms. Benz is visiting that person. For example:

er *Wer besucht ihn?* *Frau Benz besucht ihn.*

1. du _____ _____

2. er _____ _____

3. sie (*s.*) _____ _____

4. wir _____ _____

5. ihr _____ _____

6. Sie _____ _____

7. sie (*pl.*) _____ _____

8. Erik und ich _____ _____

In the blank provided, write the letter of the phrase on the right that is the logical response to the question on the left.

1. _____ Sind Sie wieder gesund?		a.	Sie kennt meinen Freund.
2. _____ Wer holt Tina ab?		b.	Noch nicht.
3. _____ Wen kennt Herr Benz?		c.	Nein, sie ist meine Cousine.
4. _____ Was wollt ihr tun?		d.	Zum Bahnhof.
5. _____ Wessen Freund kennt Tina?		e.	Das ist mein Onkel.
6. _____ Ist Sabine deine Schwester?		f.	Erik holt sie ab.
7. _____ Wer ist das?		g.	Wir wollen Thomas kennen lernen.
8. _____ Wen wollt ihr kennen lernen?		h.	Er kennt einen Freund von mir.
9. _____ Ist Erik dein Cousin?		i.	Nein, er ist mein Bruder.
10. _____ Wohin gehen Sie?		j.	Wir wollen Sabine kennen lernen.

Rewrite the dialogue **An der Ecke** as a dialogue between a teacher and her students. The students address the teacher with **Sie**, and the teacher addresses the students with **ihr**. When either Erik or Sabine speaks, they speak for both of them. Keep all the lines of the original dialogue, making only the changes necessary to show their relationship.

Frau Keller: _____

Erik: _____

Frau Keller: _____

Sabine: _____

Frau Keller: _____

Erik: _____

Frau Keller: _____

Sabine: _____

Family

Conversation: **Die Geburtstagsfeier** (The birthday party)

Friends discuss a birthday party and the gifts that were given.

Werner: Wo **warst** du gestern abend?	*Where were you last night?*
Andrea: Hast du vergessen? Gestern **war** mein Geburtstag, und meine **Verwandten** kamen vorbei.	*Did you forget? Yesterday was my birthday, and my relatives came over.*
Werner: Wie alt bist du jetzt? Zwanzig?	*How old are you now? Twenty?*
Andrea: Nein, einundzwanzig, genau wie du.	*No, twenty-one, just like you.*
Werner: Was für Geschenke hast du bekommen?	*What kind of gifts did you get?*
Andrea: Von meinen **Eltern** habe ich eine Digitalkamera bekommen und **von** meiner **Großmutter** einen schicken Pulli.	*I got a digital camera from my parents and a great sweater from my grandmother.*
Werner: Wie schön. Sonst was?	*How nice. Anything else?*
Andrea: Ja, ich habe **mir** ein neues Handy gekauft.	*Yes, I bought myself a new cell phone.*

ÜBUNG
2·1

Based upon the dialogue **Die Geburtstagsfeier**, *supply a logical response to each statement or question.*

1. Warum kamen Andreas Verwandte vorbei?

_____

2. Von meinen Eltern habe ich eine Digitalkamera bekommen.

_____

3. Wer hat ihr einen Pulli geschenkt?

_____

4. Mein Bruder hat sich zum Geburtstag einen DVD-Player gekauft.

_____

Schenken

When you give someone a gift (**ein Geschenk**), use **schenken** (*to give a gift, to present*), a verb that is probably familiar to you.

Here's a reminder: **Schenken** is a regular verb and is conjugated in the present and past tenses in the following way.

ich	schenke	schenkte	*I present / presented*
du	schenkst	schenktest	*you present / presented*
er/sie/es	schenkt	schenkte	*he/she/it presents / presented*
wir	schenken	schenkten	*we present / presented*
ihr	schenkt	schenktet	*you present / presented*
Sie	schenken	schenkten	*you present / presented*
sie (*pl.*)	schenken	schenkten	*they present / presented*

The gift that you are giving is a direct object and is therefore in the accusative case. The person to whom you are giving the gift is an indirect object and is in the dative case. The following is the dative case declension:

	NOMINATIVE		DATIVE
masc.	der nette Mann	*the nice man*	dem netten Mann
fem.	die nette Frau	*the nice woman*	der netten Frau
neut.	das nette Kind	*the nice child*	dem netten Kind
pl.	die netten Kinder	*the nice children*	den netten Kindern

Pronouns can also be direct or indirect objects and form their accusative and dative cases like this:

NOMINATIVE	ACCUSATIVE	DATIVE
ich	mich	mir
du	dich	dir
er	ihn	ihm
sie (*s.*)	sie	ihr
es	es	ihm
wir	uns	uns
ihr	euch	euch
Sie	Sie	Ihnen
sie (*pl.*)	sie	ihnen
wer	wen	wem

Write each word or phrase as it would appear in the given line of dialogue. Note that some will be direct objects and others indirect objects.

Wir schenken unserer Großmutter _____.

1. ein Pulli _____

2. eine Digitalkamera _____

3. ein neues Handy _____

4. rote Rosen (*red roses*) _____

5. ein neuer Fernsehapparat (*television set*) _____

Ich schenkte _____ einen Laptop (*laptop*).

6. mein Vater _____

7. meine Eltern _____

8. Ihre Großmutter _____

9. seine Verwandten _____

10. er _____

Er will _____ ein Buch schenken (*wants to give _____ a book*).

11. sie (*s.*) _____

12. wir _____

13. meine Eltern _____

14. sie (*pl.*) _____

15. seine Tante _____

Follow the same directions, but supply both the direct and indirect objects.

Mein Cousin schenkte _____ _____.

16. ich, ein Roman (*novel*) _____ _____

17. der Gast, eine Flasche Wein (*bottle of wine*) _____ _____

18. sie (*s.*), ein weißer (*white*) Pulli _____ _____

19. sein Onkel, ein Gürtel (*belt*) _____ _____

20. sie (*pl.*), neue Handschuhe (*gloves*) _____ _____

Die Familie

You will notice that many of the German words that refer to family members are similar to their English counterparts. And the formation of terms for subgroups of relatives in German is also often the same as in English. The members of your immediate family are:

meine Eltern	*my parents*
mein Vater	*my father*
meine Mutter	*my mother*
dein Bruder	*your brother*
deine Schwester	*your sister*
deine Geschwister	*your brothers and sisters / your siblings*

Grandparents and great-grandparents make up the two preceding generations.

ihr Großvater	*her grandfather*
ihre Großmutter	*her grandmother*
unser Urgroßvater	*our great-grandfather*
unsere Urgroßmutter	*our great-grandmother*

Godparents can be relatives but are often simply friends of the family.

der Patenonkel	*godfather*
die Patentante	*godmother*
das Patenkind	*godchild*
der Patensohn	*godson*
die Patentochter	*goddaughter*

Asking a person's age is a common question, and people compare the young with the old in a variety of circumstances. Let's look at some useful sentences that involve family members and age.

Wie alt ist Ihr **Vater**?	*How old is your father?*
Wie alt ist Ihre **Mutter**?	*How old is your mother?*
Ist sein **Bruder** jünger als seine **Schwester**?	*Is his brother younger than his sister?*
Ist ihr **Großvater** älter als ihre **Großmutter**?	*Is her grandfather older than her grandmother?*

Compare the following sentences that have to do with how long and where people live.

Lebt euer **Urgroßvater** noch?	*Is your great-grandfather still alive?*
Lebt eure **Urgroßmutter** noch?	*Is your great-grandmother still alive?*
Wo wohnt deine **Schwester**?	*Where does your sister live?*
Meine **Schwester** wohnt mit ihrem **Mann** in Hamburg.	*My sister lives with her husband in Hamburg.*
Wohnt Ihr **Bruder** in der Nähe?	*Does your brother live nearby?*
Nein, er wohnt sehr weit von hier.	*No, he lives very far from here.*
Ja, er wohnt im Haus gegenüber von hier.	*Yes, he lives in the house across from here.*

Both **leben** and **wohnen** mean *to live*. Use **leben** to say that a person is alive; use **wohnen** to say where someone resides. Both are regular verbs.

Mein Großvater **lebte** achtzig Jahre.	*My grandfather lived for eighty years.*
Meine Schwester **wohnt** in der Schweiz.	*My sister lives in Switzerland.*

ÜBUNG

2·3

In the blank provided, supply a phrase or sentence that fits logically into each three-line dialogue. For example:

Thomas: Geht es dir gut?

Erik: *Nein, es geht mir schlecht.*

Thomas: Bist du wieder krank?

1. Wohnen deine Eltern in der Schweiz?

   _____

   Haben sie Spanisch gelernt (*learned Spanish*)?

2. Wie alt ist sein Großvater?

   Er ist neunzig Jahre alt.

   _____

3. Was schenkst du Thomas zum Geburtstag?

   _____

   Ich habe kein Geld. Ich kaufe ihm ein Buch.

4. Ist deine Urgroßmutter sehr alt?

   _____

   Wird sie überleben?

5. Was hast du von deinem Patenonkel bekommen?

   _____

   Ist er reich (*rich*)?

6. Ich habe nur eine Schwester.

   _____

   Einundzwanzig. Genau wie du.

7. _____

   Ja, er lebt noch in Hamburg.

   Wie alt ist er?

8. Meine Tante ist fünfzig Jahre alt.

   _____

Nein, er ist älter.

9. Mit wem wohnt Andrea? Und wo?

_____

München ist sehr schön.

10. _____

Nein, sie wohnen jetzt bei unseren Eltern.

Aber die Wohnung ist so klein.

11. Wohnt deine Tante in der Nähe?

_____

Sie ist also deine Nachbarin (*neighbor*)!

Verwandte (Relatives)

Let's look at sentences that describe subgroups of family members. In today's world it is common for people to have stepparents and stepchildren.

Meine Mutter ist vor drei Jahren **gestorben**.	*My mother died three years ago.*
Die zweite Frau meines Vaters ist meine **Stiefmutter**.	*My father's second wife is my stepmother.*
Ihr Sohn ist mein **Stiefbruder**.	*Her son is my stepbrother.*
Ihre Tochter ist meine **Stiefschwester**.	*Her daughter is my stepsister.*
Ich bin ihr **Stiefsohn**.	*I am her stepson.*
Meine Schwester ist ihre **Stieftochter**.	*My sister is her stepdaughter.*
Wir sind die **Stiefgeschwister**.	*We are the stepsiblings.*
Unser Vater ist **der Stiefvater** ihrer Kinder.	*Our father is the stepfather of her children.*

And when marrying, most people will inherit a group of in-laws.

Meine Frau ist die **Schwiegertochter** meiner Eltern.	*My wife is the daughter-in-law of my parents.*
Mein Mann ist der **Schwiegersohn** meiner Eltern.	*My husband is the son-in-law of my parents.*
Mein Vater ist der **Schwiegervater** meiner Frau.	*My father is my wife's father-in-law.*
Meine Mutter ist die **Schwiegermutter** meines Mannes.	*My mother is my husband's mother-in-law.*

The two words that describe a brother-in-law and a sister-in-law do not require the prefix **Schwieger-**.

Werner ist mein **Schwager**.	*Werner is my brother-in-law.*
Andrea ist meine **Schwägerin**.	*Andrea is my sister-in-law.*

At this point, you need to review the genitive case. It is used to show possession and is the equivalent of an English apostrophe + *s* or a prepositional phrase introduced by *of*.

die Frau meines Cousins   *my cousin's wife / the wife of my cousin*

The following is the genitive declension:

	NOMINATIVE		GENITIVE
masc.	der nette Mann	*the nice man*	des netten Mannes
fem.	die nette Frau	*the nice woman*	der netten Frau
neut.	das nette Kind	*the nice child*	des netten Kindes
pl.	die netten Kinder	*the nice children*	der netten Kinder

ÜBUNG
2·4

Put each group of sentences in the correct order for a conversation between two people.

1. Ist er älter als sie? / Der Mann meiner Schwester ist Lehrer. / Ja, er ist dreißig Jahre alt.

_____

_____

_____

2. Wo wohnt er denn? / Ist das das Haus deines Stiefbruders? / Nein, er wohnt nicht in der Nähe.

_____

_____

_____

3. Lebt Ihr Schwager noch? / War er sehr krank? / Nein, er ist vor einem Jahr gestorben.

_____

_____

_____

4. Der zweite Mann meiner Tante ist Professor. / Ja, in Berlin. / Wohnen sie in der Hauptstadt (*capital*)?

_____

_____

_____

5. Das ist eine große Familie. / Die Nichte meines Freundes hat sechs Geschwister. / Ja, aber sie haben eine kleine Wohnung.

_____

_____

_____

6. Es ist ein Geschenk von ihrem Sohn. / Ist das Auto deiner Schwägerin neu? / Ja, ganz (*quite*) neu.

_____

_____

_____

7. Nein, wir haben zwei alte Katzen (*cats*). / Habt ihr einen Hund?/ Meine Familie hat kein Haustier (*pet*).

_____

_____

_____

Let's review some masculine nouns that decline in a unique way. These nouns tend to be words that end in **-e**, foreign words with the accent on the final syllable, or old German words that have unique endings by tradition. For example:

nom.	der Neffe	der Tourist	der Mensch (*man, human*)
acc.	den Neffen	den Touristen	den Menschen
dat.	dem Neffen	dem Touristen	dem Menschen
gen.	des Neffen	des Touristen	des Menschen

Other words that follow this pattern are:

Löwe (*lion*)	Diplomat	Herr
Junge	Elefant	Graf (*count*)
Matrose (*sailor*)	Komponist (*composer*)	Bär (*bear*)

ÜBUNG
2·5

*Using the string of words provided, form a two-line dialogue. Make the first sentence a question in the present tense with **du** as your subject. The second sentence should be either a positive or negative response (**ja** or **nein**), as indicated, to the question. For example:*

kennen / die Frau / dieser Mann (nein)

Kennst du die Frau dieses Mannes? (Do you know this man's wife?)

Nein, ich kenne sie nicht. (No, I don't know her.)

1. kennen / der neue Mann / deine Nichte (nein)

_____

_____

2. kennen / die Freundin / der Matrose (ja)

_____

_____

3. kennen / der Neffe / mein Freund (ja)

_____

_____

4. kennen / die Gäste / unsere Großmutter (nein)

_____

_____

5. kennen / der Stiefsohn / der Diplomat (ja)

_____

_____

Now follow this example:

schenken / sie (s.) / ein Buch (nein)

Schenkst du ihr ein Buch? (Are you giving her a book?)

Nein, ich schenke ihr kein Buch. (No, I'm not giving her a book.)

6. schenken / deine Schwägerin / rote Rosen (nein)

_____

_____

7. schenken / er / dieser Roman (ja)

_____

_____

8. schenken / wir / eine Digitalkamera (nein)

_____

_____

9. schenken / der Matrose / ein neues Handy (ja)

_____

_____

10. schenken / ich / ein schicker Pulli (ja)

_____

_____

Verbs followed by direct and indirect objects

You should be aware that there are many other verbs that can be followed by direct and indirect objects. Some of them are listed below. Those that have an irregular present or past tense are identified.

geben (gibst, gibt, gab)	*to give*
leihen (lieh)	*to lend*
schicken	*to send*
senden (sandte)	*to send*
werfen (wirfst, wirft, warf)	*to throw*

The verb **geben** is probably the most commonly used verb that is followed by a direct or indirect object.

Was **gibst** du Werner zum Geburtstag?	*What are you giving Werner for his birthday?*
Ich **gebe** ihm ein paar Bücher.	*I am giving him a couple of books.*
Was **gab** ihm Andrea?	*What did Andrea give him?*
Sie **gab** ihm ein Hemd.	*She gave him a shirt.*

Use **leihen** to talk about someone borrowing money or some other object.

Kannst du mir ein paar Euro **leihen**?	*Can you lend me a couple of euros?*
Leider nicht. Ich habe kein Geld.	*Unfortunately not. I do not have any money.*
Ich **lieh** meinem Bruder vierzig Euro.	*I lent my brother forty euros.*

Both **schicken** and **senden** mean *to send*. But **senden** can only mean sending things (*letters*, *packages*, and so on) to someone. **Schicken** can be used to express sending a person somewhere (home, school, and so on).

Andrea **schickte** ihm eine E-Mail.	*Andrea sent him an e-mail.*
Können Sie uns eine SMS **schicken**?	*Can you send us a text message?*
Er **sandte** seinen Geschwistern einen Brief.	*He sent his siblings a letter.*

Use **zuwerfen** to talk about throwing something to someone. But note that it is different from **werfen** alone. **Werfen** is used to mean *to randomly throw or drop* something, not necessarily to a person. **Zuwerfen** is used when a specific catcher is explicitly involved.

Sie **wirft** ihm den Ball **zu**.	*She throws him the ball.*
Ich **warf** ihr einen Bleistift **zu**.	*I threw her a pencil.*

ÜBUNG
2·6

Write each word or phrase provided as it would appear in the given line of dialogue.

Was gibst du _____?

1. dein Schwager _____

2. der junge Matrose _____

3. meine Stiefmutter _____

4. dieser Herr _____

5. diese Dame _____

Kann sie _____ eine E-Mail schicken?

6. ich _____

7. du _____

8. er _____

9. sie (*s.*) _____

10. wir _____

Ich werfe _____ den Ball zu.

11. meine Freundin _____

12. der Junge _____

13. sein Schwager _____

14. der deutsche Gast _____

15. der Löwe _____

Niemand schickte mir _____.

16. ein Geschenk _____

17. ein neues Hemd _____

18. ein roter Pulli _____

19. ein Bleistift _____

20. rote Rosen _____

Können Sie mir _____ leihen?

21. Ihr Auto _____

22. zwanzig Euro _____

23. ein paar Bleistifte _____

24. ein Hemd _____

25. dieser Pulli _____

ÜBUNG
2·7

Supply a logical response to each statement or question.

1. War gestern Ihr Geburtstag?

_____

2. Gestern kamen meine Verwandten vorbei.

_____

3. Was schenkte sie ihrem Bruder zum Geburtstag?

_____

4. Ich kann dir kein Geld geben.

_____

5. Der Bruder meines Vaters ist sehr jung.

_____

6. Ist die Tochter Ihrer Stiefmutter Ihre Tante?

_____

7. Mein Neffe ist älter als mein Sohn.

_____

8. Wir wohnten in einer kleinen Wohnung.

_____

9. Kann er uns ein paar Euro leihen?

_____

10. Lebt deine Urgroßmutter noch?

_____

ÜBUNG
2·8

*Rewrite the dialogue **Die Geburtstagsfeier** by changing the ages of Martin and Angela, the gifts that Angela receives, and the relatives involved. Keep all the other lines from the original dialogue.*

Martin: _____

Angela: _____

Martin: _____

Angela: _____

Martin: _____

Angela: _____

Martin: _____

Angela: _____

Asking questions

·3·

Conversation: **Was machst du?**
(What are you doing?)

Erik cannot find something he stored in the garage, so his mother tries to help out.

Mutter: Was machst du da **in** der Garage?

What are you doing in the garage?

Erik: Ich suche meine Hanteln. Ich habe sie letzten Winter **in** der Garage eingelagert.

I'm looking for my weights. I stored them in the garage last winter.

Mutter: Hast du sie **in** Kartons eingepackt?

Did you pack them up in boxes?

Erik: Ja, aber **wo** sind die Kartons jetzt? Vielleicht hat sie jemand gestohlen.

Yes, but where are the boxes now? Maybe somebody stole them.

Mutter: Unmöglich. Die Garage ist immer **unter** Schloss und Riegel.

Impossible. The garage is always under lock and key.

Erik: Aber Hanteln können nicht einfach verschwinden.

But weights can't just simply disappear.

Mutter: Hast du sie vielleicht verliehen?

Did you perhaps lend them to someone?

Erik: Ach, ja! Horst hat **vor** zwei Monaten darum gebeten.

Oh, yes. Horst asked for them two or three months ago.

ÜBUNG
3·1

Based upon the dialogue **Was machst du?** *supply a logical response to each statement or question.*

1. Was sucht Erik in der Garage?

_____

2. Ich habe die Hanteln in der Garage eingelagert.

_____

3. Vielleicht hat jemand die Hanteln gestohlen.

_____

4. Hast du die Hanteln verliehen?

_____

5. Wer hat die Hanteln gestohlen?

_____

Was and wer

There are numerous questions that can be asked using the pronoun **was**. Let's look at some of them.

Was lernst du in der Schule?	_What are you learning in school?_
Was schreiben Sie?	_What are you writing?_
Was lest ihr?	_What are you reading?_
Was trinkt der Sportler gern?	_What do athletes like to drink? (lit. What does the athlete like to drink?)_
Was isst man zum Frühstück?	_What do people eat for breakfast?_
Was kann man in diesem Laden kaufen?	_What can you buy in this shop?_
Was liegt unter dem Tisch?	_What is under the table?_

Was can be the subject of a sentence (**Was liegt unter dem Tisch?**) or the object of a verb (**Was lest ihr?**). But the pronoun **wer** is different. It has other forms in the accusative and dative and becomes a possessive adjective in the genitive.

nom.	wer	_who_
acc.	wen	_whom_
dat.	wem	_whom_
poss.	wessen	_whose_

When **wer** is used in a sentence, it takes the appropriate declension (form) for the structure in which it is found. For example:

subject	**Wer** hat die Hanteln gestohlen?	_Who stole the weights?_
direct object	**Wen** besuchen Sie in Bonn?	_Whom are you visiting in Bonn?_
indirect object	**Wem** schenkt er das Buch?	_To whom did he give the book?_
object of acc. prep.	Für **wen** musste sie arbeiten?	_For whom did she have to work?_
object of dat. prep.	Mit **wem** gehst du joggen?	_With whom are you going jogging?_
possessive	**Wessen** Wagen hat er gekauft?	_Whose car did he buy?_

Using a form of **wer** or **was**, write a question concerning the underlined word or phrase in each sentence. For example:

Wer sucht die Hanteln?

Erik sucht die Hanteln.

1. _____

   Seine Mutter hilft ihm die Hanteln suchen.

2. _____

   Er hat zwei Kartons in der Ecke gesehen.

3. _____

   Er will seinem Freund ein Geschenk geben.

4. _____

   Sie hat den Ring von Horst bekommen.

5. _____

   Die Gäste kennen meinen Bruder nicht.

6. _____

   Der Lehrer wollte mit dem faulen Schüler sprechen.

7. _____

   Sie hat die alte Garage fotografiert (*photographed*).

8. _____

   Horst und Erik haben darum gebeten.

9. _____

   Die Mutter hat sich immer um ihren Sohn gesorgt (*worried about*).

10. _____

    Ich möchte eine Tasse Tee (*cup of tea*) trinken.

11. _____

    Die Zeitung (*newspaper*) liegt auf dem Bett (*bed*).

12. _____

    Erik hat seine Verwandten in Heidelberg besucht.

13. _____

    Sie haben die Nachricht (*message*) durch ihren Neffen gehört.

14. _____

 Der <u>Zug</u> (*train*) ist um dreizehn Uhr abgefahren.

15. _____

 <u>Ihre</u> Bücher liegen unter dem Tisch.

Wo

There are three interrogative words that can be used to ask *where*.

wo   located *where*
wohin   *where to*, movement or travel to what place
woher   *from where*, movement or travel from what place

Let's look at some sentences that illustrate the use of each of these three interrogatives.

Location

Wo wohnst du jetzt?	*Where do you live now?*
Ich wohne in der Hauptstadt.	*I live in the capital.*
Wo kann ich einen Mantel kaufen?	*Where can I buy a coat?*
Im Einkaufszentrum.	*At the mall.*
Wo sind die Hanteln?	*Where are the weights?*
In der Garage.	*In the garage.*

Movement to a place

Wohin fahren Sie heute?	*Where are you driving today?*
Ich fahre in die Berge.	*I'm driving into the mountains.*
Wohin will Tina reisen?	*Where does Tina want to travel to?*
Tina will nach Frankreich reisen.	*Tina wants to travel to France.*
Wohin hast du die Lampe gestellt?	*Where did you put the lamp?*
Ich habe die Lampe auf den Tisch im Esszimmer gestellt.	*I put the lamp on the table in the dining room.*

Movement from a place

Woher kommt der Ausländer?	*Where does the foreigner come from?*
Er kommt aus Asien.	*He comes from Asia.*
Woher sind diese Geschenke gekommen?	*Where did these gifts come from?*
Diese Geschenke sind von Horst gekommen.	*These gifts came from Horst.*
Woher kennen Sie ihn?	*Where do you know him from?*
Ich kenne ihn aus meiner Schulzeit.	*I know him from my schooldays.*

Remember that there is a group of prepositions that sometimes require the accusative case and sometimes require the dative case.

an	*at*
auf	*on*
hinter	*behind*
in	*in*
neben	*next to*
über	*over, above*
unter	*under*
zwischen	*between*

Generally, when used with the dative case these prepositions show location. With the accusative case, they show movement or travel to a place. If you ask a *where* question about a prepositional phrase that includes one of these prepositions, use **wo** if the case is dative and use **wohin** if the case is accusative. For example:

Er steht an der Tür.	*He stands at the door.*
Wo steht er?	*Where does he stand?*
Er geht an die Tür.	*He goes to the door.*
Wohin geht er?	*Where is he going?*
Die Hanteln sind in der Garage.	*The weights are in the garage.*
Wo sind die Hanteln?	*Where are the weights?*
Er bringt die Hanteln in die Garage.	*He takes the weights into the garage.*
Wohin bringt er die Hanteln?	*Where does he take the weights?*

ÜBUNG
3·3

Using the underlined word or phrase as your cue, write a question with **wo, wohin,** or **woher.** For example:

Wo wohnt er?

Er wohnt *in der Schillerstraße.*

1. _____

Der Austauschstudent (*exchange student*) kommt <u>aus Kanada</u>.

2. _____

Mein Großvater musste eine Woche <u>im Krankenhaus</u> (*hospital*) bleiben.

3. _____

Die Kinder haben <u>im Garten</u> gespielt.

4. _____

Ich möchte gerne <u>nach Italien</u> reisen.

5. _____

Vier Kartons wurden in der Garage eingelagert.

6. _____

Die Jungen wollen zum Stadtpark (*city park*) gehen.

7. _____

Meine Schwester muss nach Hause (*home*) fahren.

8. _____

Professor Benz ist den ganzen Tag zu Hause gewesen.

9. _____

Mein neuer Mantel liegt auf dem Bett.

10. _____

Ich kenne diese Frauen aus meiner Jugend (*youth*).

Wann

Wann is used to ask *when*. There are many expressions of time that require the use of **wann** when asking a question. Let's look at some of those expressions of time.

Wann kommt er nach Hause?	*When is he coming home?*
Kommt er heute?	*Is he coming today?*
Kam er gestern?	*Did he come yesterday?*
Kam er vorgestern?	*Did he come the day before yesterday?*
Wann hilft er seiner Mutter?	*When is he going to help his mother?*
Er wird ihr morgen helfen.	*He'll help her tomorrow.*
Er wird ihr übermorgen helfen.	*He'll help her the day after tomorrow.*
Er hat ihr neulich geholfen.	*He helped her recently.*

Some expressions of time describe the past. In order to express *ago*, a prepositional phrase is formed with **vor**.

Wann ist sie geboren?	*When was she born?*
vor einem Tag	*a day ago*
vor einer Woche	*a week ago*
vor einem Monat	*a month ago*
vor einem Jahr	*a year ago*

Others describe a specific time of day.

Wann bist du in Bonn gewesen?	*When were you in Bonn?*
gestern nacht	*last night*
heute morgen	*this morning*
Wann gehen wir nach Hause?	*When are we going home?*
morgen früh	*early tomorrow*

Conversation: Die Geschäftsreise (The business trip)

A husband and wife discuss the husband's upcoming business trip.

Stefan: Wo ist mein großer Koffer? Ich kann ihn nicht finden.	*Where is my large suitcase? I can't find it.*
Angela: Hast du vergessen? Er ist unter dem Bett.	*Did you forget? It's under the bed.*
Stefan: Ich muss schnell packen. Ich muss bis elf Uhr in Bremen sein.	*I have to pack fast. I have to be in Bremen by eleven o'clock.*
Angela: Du hast genug Zeit. Es ist erst sieben Uhr.	*You have enough time. It's just seven o'clock.*
Stefan: Wohin habe ich meine Aktentasche gestellt?	*Where did I put my briefcase?*
Angela: Sie ist hinter der Tür. **Wohin** fährst du morgen?	*It's behind the door. Where are you going tomorrow?*
Stefan: Von Bremen fahre ich nach Hamburg.	*From Bremen I drive to Hamburg.*
Angela: Wann kommst du nach Hause? Am Donnerstag?	*When are you coming home? On Thursday?*
Stefan: Nein, am Freitag. Ich habe am Donnerstag ein Treffen in Hannover.	*No, on Friday. I have a meeting in Hanover on Thursday.*
Angela: Vergiss nicht, dass deine Mutter am Freitag zu Besuch kommt!	*Don't forget that your mother is coming to visit on Friday!*

ÜBUNG
3·4

Supply a logical response to each statement or question.

1. Wo ist Stefans Koffer?

   _____

2. Ich muss bis zehn Uhr in Berlin sein.

   _____

3. Was ist hinter der Tür?

   _____

4. Von Bremen fahre ich nach Köln.

   _____

5. Deine Mutter kommt am Freitag zu Besuch.

   _____

The interrogative wann

The interrogative **wann** is also used to ask about the specific time on a clock, the days of the week, the months, and the seasons of the year.

Wann fährst du nach Bremen?	*When are you going to Bremen?*
Um sechs Uhr fahre ich nach Bremen.	*I'm going to Bremen at six o'clock.*
Wann kommt sie zu Besuch?	*When is she coming to visit?*
Am Montag kommt sie zu Besuch.	*On Monday she's coming to visit.*
Wann hat sie Geburtstag?	*When is her birthday?*
Sie hat im Oktober Geburtstag.	*Her birthday is in October.*
Wann schneit es?	*When does it snow?*
Es schneit im Winter.	*It snows in winter.*

ÜBUNG
3·5

Write each word or phrase as it would appear in the given line of dialogue.

Wann kommt er nach Hause? Er kommt _____ nach Hause.

1. am Freitag _____

2. im Sommer _____

3. am elften Juli _____

4. morgen _____

5. um neun Uhr _____

Wann fährt der Zug ab? Der Zug fährt _____ ab.

6. in zehn Minuten _____

7. um achtzehn Uhr _____

8. morgen _____

9. am neunzehnten Dezember _____

10. bis Ende März _____

Wann fängt das Semester an (*does the semester start*)? Das Semester fängt _____ an.

11. am ersten Oktober _____

12. nächste Woche _____

13. im Januar _____

14. erst Ende August _____

15. nächsten Monat _____

Warum

The interrogative **warum** (*why*) asks for an explanation. The sentence that answers the question **warum** usually includes a clause introduced by **denn** (*for, because*) or **weil** (*because*). Let's look at some example sentences.

Warum bleibt Tina zu Hause?	*Why is Tina staying home?*
Sie bleibt zu Hause, **weil** sie krank ist.	*She is staying home because she is sick.*
Warum gehst du früh schlafen?	*Why are you going to bed early?*
Ich gehe früh schlafen, **weil** ich müde bin.	*I am going to bed early because I am tired.*
Warum hat sie den teuren Wagen gekauft?	*Why did she buy the expensive car?*
Sie hat den teuren Wagen gekauft, **weil** sie reich ist.	*She bought the expensive car because she is rich.*

These sentences can be stated with **denn**. But be aware that this conjunction introduces an *independent clause*. For example:

Sie bleibt zu Hause, **denn** sie ist krank.	*She stays home because she is sick.*
Er geht früh schlafen, **denn** er ist müde.	*He goes to bed early because he is tired.*

A clause introduced by **weil** requires the conjugated verb to be in the final position.

Warum geht er nicht zum Park?	*Why isn't he going to the park?*
Er geht nicht zum Park, **weil** das Wetter schlecht **ist**.	*He isn't going to the park because the weather is bad.*
Warum liegt Tina im Bett?	*Why is Tina in bed?*
Tina liegt im Bett, **weil** sie Fieber **hat**.	*Tina is in bed because she has a fever.*
Warum willst du nicht fahren?	*Why don't you want to drive?*
Ich will nicht fahren, **weil** es schneit.	*I don't want to drive because it's snowing.*

ÜBUNG
3·6

*Combine the two provided clauses with **denn**. For example:*

Er trinkt Wasser. Er hat Durst.

Er trinkt Wasser, denn er hat Durst.

1. Sie sitzen im Wohnzimmer (*living room*). Es ist da wärmer.

   _____

2. Erik trägt (*wears*) einen Mantel. Es ist heute sehr kalt (*cold*).

   _____

3. Andrea fährt nach Mannheim. Sie will ihre Verwandten besuchen.

   _____

4. Sie kocht eine Suppe (*cooks soup*). Die Kinder haben Hunger (*are hungry*).

   _____

5. Thomas hat bis zehn Uhr geschlafen. Er ist sehr müde gewesen.

_____

Answer each question by combining the information in the question with a clause introduced by **weil** *and formed from the sentence that follows.*

6. Warum stellt er eine Lampe auf den Tisch? Es ist im Wohnzimmer dunkel (*dark*).

_____

7. Warum kam Vater so spät nach Hause? Er musste bis achtzehn Uhr arbeiten.

_____

8. Warum sitzt Horst am Strand (*the beach*)? Er kann leider (*unfortunately*) nicht schwimmen.

_____

9. Warum tanzt Lars so oft mit Angela? Er hat sie gern.

_____

10. Warum wollen Sie nicht in die Oper (*opera*) gehen? Ich finde die Oper sehr langweilig (*boring*).

_____

Wie viel(e)

When asking about quantities, use **wie viel** (*how much*) and **wie viele** (*how many*). The former is used with singular collectives and the latter with plurals. For example:

Wie viel Geld hat er?	*How much money does he have?*
Wie viel Zeit brauchst du noch?	*How much more time do you need?*
Wie viele Gäste waren dabei?	*How many guests were there?*
Wie viele Sätze schreibt sie?	*How many sentences is she writing?*

The interrogative **wie** is combined with other words to form other interrogatives. For example:

wie alt	*how old*
wie groß	*how big*
wie hoch	*how high*
wie jung	*how young*
wie klein	*how small*
wie lange	*how long*
wie langsam	*how slowly*
wie niedrig	*how low*
wie oft	*how often*
wie schnell	*how fast*

If a question can be answered with **ja** or **nein,** no interrogative word is used, and the verb in the statement becomes the first element in the question. For example:

Mein Bruder ist vierzehn Jahre alt.	*My brother is fourteen years old.*
Ist Ihr Bruder vierzehn Jahre alt?	*Is your brother fourteen years old?*
Ja, mein Bruder ist vierzehn Jahre alt.	*Yes, my brother is fourteen years old.*
Der Wagen kostet (*costs*) zehntausend Euro.	*The car costs ten thousand euros.*
Kostet der Wagen elftausend Euro?	*Does the car cost eleven thousand euros?*
Nein, der Wagen kostet zehntausend Euro.	*No, the car costs ten thousand euros.*

ÜBUNG

3·7

Using the underlined word or phrase as your cue, write a question with a form of **wie**. For example:

Der Mann ist *vierzig Jahre alt.*

Wie alt ist der Mann?

1. Der junge Sportler hat <u>sechs Hanteln</u>.

_____

2. Diese Autobahn ist <u>dreißig Kilometer lang</u>.

_____

3. Der Rechtsanwalt (*lawyer*) hatte <u>keine Zeit</u>.

_____

4. Das neue Flugzeug (*airplane*) fliegt <u>so schnell wie ein Düsenjäger</u> (*as fast as a jet fighter*).

_____

5. Der Korbballspieler (*basketball player*) war <u>zwei Meter groß</u>.

_____

6. Meine Freundin hat <u>sechs Ringe</u> gekauft.

_____

7. Ich gehe <u>vier Mal die Woche</u> joggen (*jogging*).

_____

8. Diese Maschine produziert (*machine produces*) <u>sehr viel Energie</u> (*energy*).

_____

9. Der Wolkenkratzer (*skyscraper*) ist <u>vierunddreißig Stockwerke hoch</u>.

_____

10. Das Zimmer ist <u>sechs mal vier</u> (*six by four*) Meter groß.

_____

_____

ÜBUNG

3·8

Rewrite each line of dialogue in **Die Geschäftsreise** *with a word or phrase that can replace the underlined words. Make any other necessary changes as well.*

Stefan: Wo ist mein <u>großer Koffer</u>? Ich kann ihn nicht finden.

_____

Angela: Hast du vergessen? Er ist <u>unter dem Bett</u>.

_____

Stefan: Ich muss schnell packen. Ich muss <u>bis elf Uhr</u> in Bremen sein.

_____

Angela: Du hast genug Zeit. Es ist erst <u>sieben</u> Uhr.

_____

Stefan: Wohin habe ich <u>meine Aktentasche</u> gestellt?

_____

Angela: Sie ist <u>hinter der Tür</u>. Wohin fährst du morgen?

_____

Stefan: Von Bremen fahre ich nach <u>Hamburg</u>.

_____

Angela: Wann kommst du nach Hause? <u>Am Donnerstag</u>?

_____

Stefan: Nein, am Freitag. Ich habe am Donnerstag ein Treffen in Hannover.

_____

Angela: Vergiss nicht, dass <u>deine Mutter</u> am Freitag zu Besuch kommt!

_____

Around the city

Conversation: **Am Hauptbahnhof** (At the main railroad station)

Lars picks up his aunt from the train station and tells her about the activities his family has planned for her.

Lars: Hallo, Tante Inge! Hier! Es scheint, dass dein Zug Verspätung hatte.

Hi, Aunt Inge! Over here! It seems that your train was late.

Tante Inge: Es tut mir Leid. Es gab einen Schneesturm in den Bergen, und wir mussten langsam **fahren**.

I'm sorry. There was a snowstorm in the mountains, and we had to travel slowly.

Lars: Aber endlich bist du da. Heute abend laden wir dich ein, mexikanisch zu **essen**.

But you're finally here. This evening we're taking you out to a Mexican restaurant.

Tante Inge: Ich **esse** gern mexikanisch. Und nach dem Abendessen?

I like Mexican food. And after dinner?

Lars: Danach **fahren** wir zur **Konzerthalle**. Es gibt ein **Orgelkonzert** von einem Fünfzehnjährigen aus Dänemark.

Afterward we're going to the concert hall. There's an organ concert there by a fifteen-year-old from Denmark.

Tante Inge: Ich mag Orgelmusik gern. Ist die **Konzerthalle** nicht sehr weit im Süden der Stadt?

I like organ music. Isn't the concert hall very far in the south of the city?

Lars: Ja, aber das ist die alte **Konzerthalle**. Die neue, moderne **Konzerthalle** ist hier in der Stadtmitte.

Yes, but that's the old concert hall. The new, modern concert hall is here in the center of the city.

Tante Inge: Da kommt der Gepäckträger mit meinen Koffern. Was für ein Trinkgeld soll ich ihm geben?

Here comes the porter with my suitcases. What kind of tip should I give him?

Lars: Vielleicht drei oder vier Euro.

Maybe three or four euros.

Based upon the dialogue **Am Hauptbahnhof,** *supply a logical response to each statement or question.*

1. Warum hatte der Zug Verspätung?

_____

2. Ich esse gern mexikanisch.

_____

3. Der junge Orgelspieler kommt aus Dänemark.

_____

4. Wo ist die neue, moderne Konzerthalle?

_____

5. Ich gebe dem Gepäckträger zwei Euro.

_____

Werden

Like English, German can *imply* a future meaning with the use of a present-tense verb. For example:

Morgen **gehen** wir zum Hauptbahnhof.	*Tomorrow we are going to the main railroad station.*
Fährst du nächsten Montag dorthin?	*Are you driving there next Monday?*

But the future tense can also be formed by using a conjugation of **werden** followed by an infinitive.

Ich **werde** mit Erik **kommen.**	*I will come with Erik.*
Du **wirst** zu Hause **bleiben.**	*You will remain at home.*
Er **wird** seiner Tante **helfen.**	*He will help his aunt.*
Wir **werden** die Koffer **tragen.**	*We will carry the suitcases.*
Ihr **werdet** Geschenke **bekommen.**	*You will receive gifts.*
Sie **werden** in die Konzerthalle **gehen.**	*They will go to the concert hall.*

Using the string of words provided, write a future-tense sentence with **werden.** *Make any necessary declensional changes. For example:*

ich / fahren / in die Stadt

Ich werde in die Stadt fahren.

1. wir / besuchen / ein Onkel / in Berlin

_____

2. Lars / finden / das Geld / in seiner Tasche (*pocket*)

_____

3. der Gepäckträger / tragen / drei schwere (*heavy*) Koffer

_____

4. unsere Familie / essen / heute Abend / mexikanisch

_____

5. alle / fahren / langsam

_____

6. die junge Pianistin (*pianist*) / spielen / ein Werk (*work, piece*) / von Mozart

_____

7. der Zug / haben / wieder (*again*) Verspätung

_____

8. es / ihm / Leid / tun

_____

9. ich / einladen / der Fünfzehnjährige / aus Russland (*Russia*)

_____

10. niemand / verstehen / diese moderne Musik

_____

11. sie (*pl.*) / warten / in der Stadtmitte

_____

12. eine reiche (*rich*) Dame / bauen (*build*) / eine Konzerthalle / neben dem Hauptbahhof

_____

13. die Touristen / ankommen (*arrive*) / mit vielen Koffern

_____

14. sie (*s.*) / geben / der Gepäckträger / ein Trinkgeld

_____

15. Sie / sein / endlich / wieder zu Hause

_____

Essen

When going around the city, you eventually have to stop for a bite to eat. Let's look at some useful phrases with **essen** (*to eat*) that describe places to eat.

Essen Sie gern in diesem Café?	*Do you like to eat in this café?*
Ich **esse** lieber in dieser Gaststätte.	*I prefer to eat in this small restaurant.*
Wir **essen** am liebsten italienisch.	*We like eating Italian food the best.*
Wir haben in jenem Restaurant **gegessen**.	*We ate in that restaurant.*
Gehen wir heute abend **essen**!	*Let's go out to eat tonight!*

There are many places other than a restaurant where food is served.

Im Lokal kann man Würstchen bekommen.	*You can get sausages at the pub.*
Wirst du **im Gasthaus** frühstücken?	*Will you have breakfast in the inn?*
Der Ratskeller hat eine gute Küche.	*The city hall restaurant has good food.*
Hat der Zug einen **Speisewagen**?	*Does the train have a dining car?*

Two irregular verbs and one regular verb are needed to complete the task of ordering and dining in a restaurant.

	ESSEN (*to eat*)	TRINKEN (*to drink*)	BESTELLEN (*to order*)
pres.	er isst	er trinkt	er bestellt
past	er aß	er trank	er bestellte
fut.	er wird essen	er wird trinken	er wird bestellen

ÜBUNG
4·3

In the blank provided, supply a phrase or sentence that fits logically into each three-line dialogue. For example:

Thomas: Geht es dir gut?

Erik: *Nein, es geht mir schlecht.*

Thomas: Bist du wieder krank?

1. Ich habe Hunger (*I'm hungry*).

_____

Der Ratskeller hat eine gute Küche.

2. Endlich bist du da.

_____

Gehen wir jetzt ins Restaurant! Isst du chinesisch?

3. Was möchtest du essen?

_____

Ich werde Suppe und ein Butterbrot (*soup and a sandwich*) bestellen.

4. Geben Sie mir bitte die Speisekarte (*menu*)!

Möchten Sie etwas trinken?

_____

5. Magst du Orgelmusik gern?

_____

Ich auch. Heute abend gibt es ein Klavierkonzert in der Konzerthalle.

6. Meine Eltern gehen jeden Abend essen.

_____

Nein, sie essen lieber französisch.

7. Dieses Lokal hat eine gute Küche.

Ich möchte ein Glas Bier bestellen.

_____

8. Da kommt der Gepäckträger mit meinem Koffer.

Du sollst ihm ein Trinkgeld geben.

_____

9. Neben dem Bahnhof ist ein neues Restaurant.

_____

Ja, das Essen da ist sehr gut.

10. Warum bist du so spät gekommen?

Der Zug hatte wieder Verspätung.

_____

Sehenswürdigkeiten (Sightseeing attractions)

A city has many attractions and places of interest that entice both the residents of the city and visitors. Let's look at some of those places of interest.

Wir besuchen das Museum.	*We visit the museum.*
Er besucht die Kunsthalle.	*He visits the art museum.*
Wo ist der berühmte Dom?	*Where is the famous cathedral?*
Das ist eine sehr alte Kirche.	*That is a very old church.*
Das ist das älteste Schloss in dieser Gegend.	*That is the oldest castle in this region.*

Sightseeing attractions are not necessarily buildings. There are also landmarks, natural features, and structures other than buildings. For example:

Hier ist die alte Stadtmauer.	*The old city wall is here.*
Der Hafen ist riesig.	*The harbor is gigantic.*
Diese Brücke ist viel älter.	*This bridge is much older.*
Der Flughafen ist nicht weit von hier.	*The airport is not far from here.*

The German comparative and superlative forms are rather similar to English. Let's briefly review them.

POSITIVE	COMPARATIVE	SUPERLATIVE
schnell (*fast*)	schneller (*faster*)	am schnellsten (*fastest*)
klein (*small*)	kleiner (*smaller*)	am kleinsten (*smallest*)

Some comparatives and superlatives require the addition of an umlaut.

lang (*long*)	länger (*longer*)	am längsten (*longest*)
kurz (*short*)	kürzer (*shorter*)	am kürzesten (*shortest*)

And a few comparatives and superlatives have irregularities.

bald	*soon*	eher	*sooner*	am ehesten	*soonest*
groß	*big*	größer	*bigger*	am größten	*biggest*
gut	*good*	besser	*better*	am besten	*best*
hoch	*high*	höher	*higher*	am höchsten	*highest*
nah	*near*	näher	*nearer*	am nächsten	*nearest*
viel(e)	*much, many*	mehr	*more*	am meisten	*most*

Comparisons are made by using **als** (*than*):

Thomas ist größer als Lars.	*Thomas is bigger than Lars.*

Using the groups of words provided, write one present-tense sentence with a comparative and one with a superlative, both formed from the adjective in parentheses. For example:

der Zug / der Wagen / das Flugzeug / sein (schnell)

Der Zug ist schneller als der Wagen.

Das Flugzeug ist am schnellsten.

1. Lars / sein Bruder / seine Schwester / sein (jung)

   _____

   _____

2. meine Mutter / meine Tante / meine Großmutter / sein (alt)

   _____

   _____

3. das Theater / die Oper / das Kino / sein (klein)

   _____

   _____

4. Erik / Tina / der Bariton (*baritone*) / singen (gut)

   _____

   _____

5. ihr Onkel / ihr Bruder / der kleine Junge / laufen (langsam)

   _____

   _____

6. der Bahnhof / die Kirche / der Dom / sein (groß)

   _____

   _____

7. das Gasthaus / das Hotel / der Gasthof / kosten (*cost*) (wenig [*little*])

   _____

   _____

8. ich / du / die Touristen / warten (lang)

   _____

   _____

9. der Professor / die Lehrerin / der Zahnarzt (*dentist*) / verdienen (*earn*) (viel)

   _____

   _____

10. der Tiergarten / das Museum / die Kunsthalle / sein (interessant [*interesting*])

_____

_____

Das Postamt

When you go to the post office, you want to purchase postage or send someone mail. Here are some useful phrases to help in a post office.

Ich brauche sechs Briefmarken.	*I need six stamps.*
Sie schreibt einen langen Brief.	*She writes a long letter.*
Lars schickte ihr eine Postkarte.	*Lars sent her a postcard.*
Haben Sie Ansichtskarten?	*Do you have picture postcards?*
Wir senden ihnen ein Paket.	*We're sending them a package.*

The word **Post** alone means *mail,* but sometimes it is also used to refer to the post office.

Meine Nichte arbeitet bei der **Post**.	*My niece works for the post office.*
Ich schicke das Geschenk per **Post**.	*I'm sending the gift through the mail.*
Ist **Post** für mich da?	*Is there any mail for me?*
Gibt es sonntags keine **Post**?	*Is there no mail on Sundays?*

Conversation: Der Briefträger (The mail carrier)

The following dialogue illustrates a typical conversation between a mail carrier and a customer.

Briefträger: Guten Morgen, Frau Keller. Ich habe ein **Paket** für Sie.	*Good morning, Ms. Keller. I have a package for you.*
Frau Keller: Das ist wahrscheinlich ein Geschenk von meiner Schwester in Amerika.	*That's probably a gift from my sister in America.*
Briefträger: Und hier sind auch drei **Briefe** und eine **Ansichtskarte**.	*And here are three letters and a picture postcard.*
Frau Keller: Danke. Wissen Sie, meine Schwester arbeitet bei der **Post** in Philadelphia.	*Thanks. You know, my sister works for the post office in Philadelphia.*
Briefträger: Im Postamt?	*In the post office?*
Frau Keller: Nein, sie ist Postbotin. Sie schreibt mir jeden Monat einen langen **Brief**.	*No, she's a mail carrier. She writes me a long letter every month.*
Briefträger: Schade, dass **Briefmarken** so teuer geworden sind.	*It's a shame that stamps have gotten so expensive.*
Frau Keller: Das ist kein Problem. Eine E-Mail ist billig.	*That's no problem. An e-mail is cheap.*

Briefträger: Das stimmt. Aber sie ist nicht gut für das Postgeschäft.

That's right. But it's not good for the postal business.

Frau Keller: Meine Schwester würde mit Ihnen übereinstimmen.

My sister would agree with you.

ÜBUNG

4·5

Based upon the dialogue **Der Briefträger,** *supply a logical response to each statement or question.*

1. Was bekommt Frau Keller von ihrer Schwester?

_____

2. Meine Schwester arbeitet bei der Post.

_____

3. Briefmarken sind so teuer geworden.

_____

4. Was ist billig?

_____

5. Ich habe einen Brief für Sie.

_____

ÜBUNG

4·6

Write each word or phrase as it would appear in the given line of dialogue.

Die junge Pianistin schrieb ihm _____.

1. eine Postkarte _____

2. ein langer Brief _____

3. eine Ansichtskarte _____

4. ein paar Worte (*a few words*) _____

Seine jüngste Schwester arbeitet bei _____.

5. eine Bank _____

6. die Post _____

7. eine Sparkasse _____

8. ein Geldwechsel _____

Ich werde _____ einen Brief schicken.

9. der Postbeamte _____

10. die Kellnerin _____

11. meine Tante _____

12. die junge Pianistin _____

Ist Post für _____ da?

13. er _____

14. sie (s.) _____

15. sie (pl.) _____

16. wir _____

Brauchen Sie _____?

17. Briefmarken _____

18. eine Postkarte _____

19. ein paar Ansichtskarten _____

20. eine Reservierung _____

Wir werden ihr _____ schicken.

21. ein Paket _____

22. diese Geschenke _____

23. ein langer Brief _____

24. unsere Adresse (address) _____

Die amerikanischen Touristen kommen von _____.

25. das Postamt _____

26. die Sparkasse _____

27. der Hafen _____

28. die alte Kirche _____

Wir essen lieber in _____.

29. dieses Restaurant _____

30. diese Gaststätte _____

31. der Ratskeller _____

32. dieses Gasthaus _____

Sie bauen _____ in der Stadtmitte.

33. ein neues Hotel _____

34. ein großer Bahnhof _____

35. ein modernes Hochhaus _____

36. ein Dom _____

Gibt es _____ keine Post?

37. sonntags _____

38. heute _____

39. morgen _____

40. am Samstag _____

Present-tense verb + **wir**

The polite command form that begins with *Let's* in English also exists in German. It consists of a present-tense verb followed by the subject **wir**. Look at these examples.

Gehen wir heute abend essen!	*Let's go out to dinner tonight.*
Bleiben wir lieber zu Hause!	*Let's stay home instead.*
Fahren wir mit dem Zug!	*Let's go by train.*
Besuchen wir das neue Museum!	*Let's visit the new museum.*

This form of command is used when the speaker includes himself or herself in the action of the command.

ÜBUNG
4·7

Rewrite each sentence to form a Let's *structure. But be careful. The sentences provided are in various tenses. Example:*

Ich gehe nach Hause.

Gehen wir nach Hause!

1. Lars schenkte ihnen eine Flasche Wein (*bottle of wine*).

   _____

2. Ich werde mit ihr ins Kino gehen.

   _____

3. Wir sangen mit dem Bariton.

   _____

4. Sie kaufte ein paar Briefmarken.

   _____

5. Tante Inge wird ihm ein neues Hemd (*shirt*) geben.

   _____

6. Du trinkst ein Glas Bier.

_____

7. Ihr ladet die französischen (*French*) Touristen ein.

_____

8. Ich sandte unserem Reiseführer (*tour guide*) eine Ansichtskarte.

_____

9. Er bestellte eine Flasche Sekt (*German champagne*).

_____

10. Wir warten vor dem Rathaus.

_____

ÜBUNG
4·8

Put each group of sentences in the correct order for a conversation between two people.

1. Wir laden dich ein, mexikanisch zu essen. / Was machen wir heute abend? / Ich esse gern mexikanisch.

_____

_____

_____

2. Aber ein Computer kostet viel mehr als eine Briefmarke. / Briefmarken sind teuer. / Warum schreibst du ihm eine E-Mail?

_____

_____

_____

3. Werners Bruder ist am ältesten. / Erik ist ziemlich jung. / Werner ist viel älter als Erik.

_____

_____

_____

4. Dieses Lokal hat eine gute Küche. / Ich habe Hunger. Gehen wir essen! / Ich esse lieber in einem großen Restaurant.

_____

_____

_____

5. Das habe ich vergessen. / Morgen bekomme ich einen Brief von Karl. / Morgen ist Sonntag. Sonntags gibt es keine Post.

_____

_____

_____

6. Ich werde ihm zwei Euro geben. / Da kommt der Briefträger mit meinen Koffern. / Du sollst ihm ein Trinkgeld geben.

_____

_____

_____

7. Ich möchte lieber ein Glas Wein. / Ich möchte ein Glas Bier. Und du? / Was bestellen wir zu essen?

_____

_____

_____

8. Ich habe ein kleines Paket für Sie. / Wo wohnt Ihr Bruder? / Es ist ein Geschenk von meinem Bruder.

_____

_____

_____

9. Gehen wir lieber ins Restaurant! / Ich möchte das neue Museum besuchen. / Nein, das Schloss ist interessanter.

_____

_____

_____

10. Nein, er arbeitet jetzt bei einer Bank. / Arbeitet dein Sohn noch bei der Post? / Morgen kommt mein Sohn zu Besuch.

_____

_____

_____

Dining out

Conversation: Zum schwarzen Adler (The Black Eagle Restaurant)

Two people are about to have a business meeting over dinner.

Herr Benz: Ich bin sicher, dass Ihnen dieses **Restaurant** gefallen wird.

I'm certain you will like this restaurant.

Frau Neufeld: Es ist sicherlich sehr elegant, aber hoffentlich nicht zu teuer.

It's certainly very elegant, but I hope not too expensive.

Herr Benz: Ich habe sehr oft hier gegessen, und alles ist preiswert. Bitte **bestellen** Sie alles, was Ihnen gefällt!

I've eaten here often, and everything is worth the price. Please order whatever you like.

Frau Neufeld: Ich **esse** manchmal vegetarisch, aber vielleicht soll ich die Forelle probieren.

I sometimes eat vegetarian, but maybe I should try the trout.

Herr Benz: Bedienung! Bitte eine Flasche Weißwein.

Waiter! A bottle of white wine, please.

Frau Neufeld: Mein Mann **trinkt** keinen Wein. Ihm gefällt nur Bier.

My husband doesn't drink wine. He only likes beer.

Herr Benz: Meine Frau ist Antialkoholikerin und **trinkt** nur ein Gläschen Rotwein zu Weihnachten.

My wife is a teetotaler and only drinks a little glass of red wine at Christmas.

Frau Neufeld: Übrigens, Herr Benz, haben Sie den Vertrag mitgebracht?

By the way, Mr. Benz, did you bring along the contract?

Herr Benz: Jawohl.

Oh, yes.

Based upon the dialogue **Zum schwarzen Adler***, supply a logical response to each statement or question.*

1. Was für ein Restaurant ist Zum schwarzen Adler?

_____

2. Ich esse manchmal vegetarisch.

_____

3. Findet Herr Benz, dass das Essen zu teuer ist?

_____

4. Mein Mann trinkt keinen Wein.

_____

5. Meine Frau ist Antialkoholikerin.

_____

Rewrite the dialogue **Zum schwarzen Adler** *with two people who have a casual relationship and* **duzen** *each other. Keep all the lines of the original dialogue, making only the changes necessary to show that their relationship is casual.*

Felix: _____

Angela: _____

Felix: _____

Angela: _____

Felix: _____

Angela: _____

Felix: _____

Angela: _____

Felix: _____

Zu

It is very common to see restaurants and cafés in Germany with names that begin with the preposition **zu**. For example:

Zur alten Mühle	*The Old Mill Restaurant*
Zum weißen Schwan	*The White Swan Café*
Zum roten Löwen	*The Red Lion Inn*

Take note of the following vocabulary used to talk about mealtimes.

das Frühstück	*breakfast*
frühstücken	*to eat breakfast*
das Mittagessen	*lunch, dinner*
zu Mittag essen	*to eat lunch*
das Abendessen/Abendbrot	*supper, dinner*
zu Abend essen	*to eat supper*

ÜBUNG
5·3

Write each word or phrase as it would appear in the given line of dialogue.

Um wie viel Uhr esst ihr _____?

1. zu Mittag _____

2. zu Abend _____

Wir frühstücken _____.

3. Brot und Butter (*bread and butter*) _____

4. Eier (*eggs*) _____

5. Spiegeleier (*fried eggs*) _____

6. Haferbrei (*porridge*) _____

Das neue Restaurant heißt _____.

7. Zum roten Apfel (*apple*) _____

8. Zum goldenen Hahn (*rooster*) _____

Say who eats every evening at six p.m.

_____ [essen] jeden Abend um achtzehn Uhr.

9. ich _____

10. du _____

11. sie (*s.*) _____

12. wir _____

13. ihr _____

14. sie (*pl.*) _____

Wir frühstücken oft in _____ .

15. die Küche (*kitchen*) _____

16. ein Restaurant _____

17. diese Gaststätte _____

18. ein Café _____

19. dieses Lokal _____

20. der Garten _____

Am Restaurant

There are numerous important and useful words and phrases that are needed when dining out. Let's look at some of them.

Er deckt den Tisch mit einem weißen Tischtuch.	*He covers the table with a white tablecloth.*
Bedienung!	*Waiter! Waitress!*
Guten Appetit!	*Have a good meal.*
Zahlen, bitte!	*Check, please.*
Sind diese Plätze frei?	*Are these seats free?*
Es schmeckt gut.	*It tastes good.*
Ich bin satt.	*I'm full.*
die Rechnung	*bill*

The following words illustrate the beverages most commonly drunk at mealtime.

eine Flasche Wein	*a bottle of wine*
ein Glas Bier	*a glass of beer*
das Mineralwasser	*mineral water*
die Milch	*milk*
der Tee	*tea*
der Kaffee	*coffee*

Most food dishes fall into one of the following general categories.

das Fleisch	*meat*
die Kartoffeln	*potatoes*
das Gemüse	*vegetables*
das Obst / die Frucht	*fruit*
der Nachtisch	*dessert*

Be careful with the verb **fressen (frisst, fraß, gefressen)**. It means *to eat* just like **essen**, but it is only used for animals.

Ein Mensch **isst**.	*A person eats.*
Ein Tier **frisst**.	*An animal eats.*

Now let's learn about some popular food items.

Ich möchte Schweinebraten mit Sauerkraut.	*I would like pork roast with sauerkraut.*
Möchtest du das Steak durchgebraten?	*Would you like your steak well-done?*
Blutig? Medium?	*Rare? Medium?*
Sie bestellte die Pommes frites.	*She ordered the French fries.*
Meine Mutter isst keine Hamburger.	*My mother does not eat hamburgers.*
Wir wollen am Samstag im Garten grillen.	*We want to cook out on Saturday.*

Many foods on a German menu (**die Speisekarte**) are the same ones you would find on an American menu.

die Wurst	*sausage*
die Knödel	*dumplings*
der Salat	*salad*
das Fondue	*fondue*
das Wild	*venison*

Germans are fond of desserts and often spend time at a café or **Konditorei** (*pastry shop*) over a fancy dessert and a cup of coffee or a glass of wine.

Was für eine Torte ist das?	*What kind of cake/pie/tart is that?*
eine Nußtorte	*(hazel)nut cake*
eine Obsttorte	*fruit tart*
der Apfelstrudel	*apple strudel*
der Kuchen	*cake*
das Plätzchen	*cookie*
Möchten Sie Eis zum Nachtisch?	*Would you like ice cream for dessert?*

To express hunger and thirst German uses the verb **haben**, with the nouns **Hunger** and **Durst**, respectively.

Ich habe **Hunger**.	*I am hungry.*
Ich habe **Durst**.	*I am thirsty.*

In the blank provided, supply a phrase or sentence that fits logically into each three-line dialogue. For example:

Thomas: Geht es dir gut?

Erik: *Nein, es geht mir schlecht.*

Thomas: Bist du wieder krank?

1. Möchten Sie eine Tasse (*cup*) Kaffee, Herr Benz?

   _____

   Ich werde auch ein Glas Bier trinken.

2. Morgen werden wir im Garten grillen. Komm bitte vorbei!

   _____

   Manchmal isst meine Frau auch kein Fleisch.

3. _____

   Ja, zwei Plätze sind noch frei.

   Setzen wir uns hin und bestellen wir eine Flasche Wein!

4. Was isst du zum Nachtisch?

   _____

   Ich möchte lieber Schokoladeneis (*chocolate ice cream*).

5. Ich werde das Steak bestellen.

   _____

   Nein, blutig.

6. Bedienung!

   Bitte schön. Was möchten Sie?

   _____

7. Manchmal frühstücken wir im Garten.

   Was tun Sie, wenn das Wetter schlecht ist?

   _____

8. Das hat gut geschmeckt.

   _____

   Nein, danke. Ich bin satt.

9. Möchtest du Sauerbraten oder Wild?

   _____

   Manchmal esse ich auch vegetarisch.

10. Zu Mittag essen wir oft im Esszimmer (*dining room*).

Wo esst ihr zu Abend?

_____

_____

Using the noun(s) or pronoun in parentheses, ask whether the person or people named is/ are hungry. Then reply that the person is / the people are very hungry. For example:

(Stefan) *Hat Stefan Hunger?*

Ja, Stefan hat großen Hunger.

1. (sie [s.]) _____

_____

2. (die Kinder) _____

_____

3. (mein Sohn) _____

_____

4. (ihr) _____

_____

5. (Sie) _____

_____

6. (du) _____

_____

7. (der Reiseführer) _____

_____

8. (er) _____

_____

9. (Frau Neufeld und Sie) _____

_____

10. (Felix) _____

_____

Commands

Command forms are commonly used in conversations. Let's review how German commands function. A command is usually addressed to the second-person pronoun (*you*). Because German has three words that mean *you*, there are three forms of imperatives or commands, but all mean the same thing. In the case of the pronoun **du**, note that some verbs have an optional -**e** ending. Let's look at some examples:

INFINITIVE	DU	IHR	SIE	
kommen	Komm(e)!	Kommt!	Kommen Sie!	*come*
singen	Sing(e)!	Singt!	Singen Sie!	*sing*
bestellen	Bestell(e)!	Bestellt!	Bestellen Sie!	*order*
verkaufen	Verkauf(e)!	Verkauft!	Verkaufen Sie!	*sell*
absenden	Send(e) ab!	Sendet ab!	Senden Sie ab!	*dispatch*
aufmachen	Mach(e) auf!	Macht auf!	Machen Sie auf!	*open*

If a verb has an irregular present-tense conjugation formed by the letter -**e**- changing to -**i**- or -**ie**-, that irregularity also appears in the **du**-command and there is no optional -**e** ending.

INFINITIVE	DU	IHR	SIE	
sehen	Sieh(e)!	Seht!	Sehen Sie!	*see*
geben	Gib!	Gebt!	Geben Sie!	*give*

Note that the verb **sehen**, although irregular, has an optional -**e** in the **du**-form.

The verbs **haben, sein,** and **werden** have some unique forms.

INFINITIVE	DU	IHR	SIE	
haben	Hab(e)!	Habt!	Haben Sie!	*have*
sein	Sei!	Seid!	Seien Sie!	*be*
werden	Werde!	Werdet!	Werden Sie!	*become*

ÜBUNG

5·6

*Rewrite each statement as a command for **du**, then **ihr**, and then **Sie**. Note that the statements are provided in a variety of tenses, and no matter what the tense is, the command form remains the same. For example:*

Er   lernte Deutsch.

du   *Lerne Deutsch!*

ihr   *Lernt Deutsch!*

Sie   *Lernen Sie Deutsch!*

1. Wir finden seine Bücher.

du   _____

ihr   _____

Sie   _____

2. Ich bestellte eine Flasche Rotwein.

   du   _____

   ihr   _____

   Sie   _____

3. Sie werden nur Milch trinken.

   du   _____

   ihr   _____

   Sie   _____

4. Die Studenten frühstücken im Esszimmer (*dining room*).

   du   _____

   ihr   _____

   Sie   _____

5. Stefan deckte den Tisch mit einem großen Tischtuch.

   du   _____

   ihr   _____

   Sie   _____

6. Sie essen keinen Kuchen.

   du   _____

   ihr   _____

   Sie   _____

7. Er grillt nicht in der Garage.

   du   _____

   ihr   _____

   Sie   _____

8. Mein Vater probierte die Forelle.

   du   _____

   ihr   _____

   Sie   _____

9. Wir werden den Vertrag mitbringen.

   du   _____

   ihr   _____

   Sie   _____

10. Ich machte alle Fenster zu.

du _____

ihr _____

Sie _____

Es

German has numerous *impersonal expressions,* the subject of which is most often **es**. Some of these expressions also occur in English. They are called impersonal because while the subject **es** (or *it*) is apparently carrying out the action of the verb, that subject is not really identified. Some examples in English follow.

It's raining again.	(What's raining?)
It looks like a nice day.	(What looks like a nice day?)
It got pretty cold.	(What got quite cold?)

German forms many impersonal expressions in the same way, using the pronoun **es**. Notice that many of these expressions deal with the weather.

Es blitzt.	*There's lightning.*
Es donnert.	*It's thundering.*
Es hagelte Fragen.	*There was a hailstorm of questions.*
Es ist sehr sonnig.	*It is very sunny.*
Es regnet.	*It's raining.*
Es schneit wieder.	*It's snowing again.*
Es stürmt.	*There's a storm. / It's stormy.*

Es can also introduce sentences that refer to the temperature.

Es ist kühl.	*It is cool.*
Es war warm.	*It was warm.*
Es war zu heiß.	*It was too hot.*
Es wird Frühling.	*Spring is on its way.*
Es wird kalt.	*It is getting cold.*
Es friert uns.	*We are freezing.*

But there are also other impersonal expressions that do not have to do with the weather.

Es ist acht Uhr.	*It is eight o'clock.*
Es ist noch früh.	*It is still early.*
Es ist ziemlich spät.	*It is rather late.*
Es klingelte.	*The doorbell rang.*
Es klopft.	*There is someone at the door. / Someone is knocking.*
Es passierte um vier Uhr.	*It happened at four o'clock.*
Es war einmal ein junger Prinz.	*Once upon a time there was a young prince.*
Es wird geschrieen.	*There is screaming. / Someone is screaming.*

There is often an object associated with impersonal expressions; that object is usually in the dative case.

Es gefällt mir.	*I like it.*
Es gehört dem Reiseführer.	*It belongs to the tour guide.*
Es gelang ihm nicht.	*He did not succeed.*
Es genügt mir.	*It is enough for me.*
Es schadet niemandem.	*It does not harm anyone.*
Schmeckt **es** Ihnen?	*Are you enjoying the food?*

Other subjects can also be used with some of these verbs. Let's look at a few.

Das Hemd gefällt mir nicht.	*I do not like the shirt.*
Wem gehört dieses Auto?	*To whom does this car belong?*
Rauchen schadet der Gesundheit.	*Smoking harms health. (Smoking is bad for your health.)*
Die Suppe schmeckt mir nicht.	*I am not enjoying the soup. / I don't like the soup.*

ÜBUNG
5·7

Put each group of sentences in the correct order for a conversation between two people.

1. Morgen soll das Wetter besser sein. / Ja, es ist wieder sehr kalt. / Schneit es?

_____

_____

_____

2. Ich sehe einen Fremden (*stranger*) an der Tür stehen. / Es klingelt. / Wer kommt so spät zu Besuch?

_____

_____

_____

3. Es wird dir sicherlich gefallen. / Dieses Restaurant hat eine gute Küche. / Hoffentlich ist es nicht zu teuer.

_____

_____

_____

4. Ja, das kann der Gesundheit schaden. / Mein Mann trinkt zu viel Bier. / Aber ich bin Antialkoholikerin.

_____

_____

_____

5. Um halb zwölf. / Warum so spät? / Wann kommst du vorbei?

_____

_____

_____

Rewrite each line of dialogue with a word or phrase that can replace the underlined words. Make any necessary changes.

Zum <u>schwarzen</u> Adler

_____

Herr Benz: Ich bin sicher, dass Ihnen dieses <u>Restaurant</u> gefallen wird.

_____

Frau Neufeld: Es ist sicherlich sehr <u>elegant</u>, aber hoffentlich nicht zu teuer.

_____

Herr Benz: Ich habe <u>sehr oft</u> hier gegessen, und alles ist <u>preiswert</u>. Bitte bestellen Sie alles, was Ihnen gefällt!

_____

Frau Neufeld: Ich esse manchmal vegetarisch, aber vielleicht <u>soll</u> ich die <u>Forelle</u> probieren.

_____

Herr Benz: Bedienung! Bitte eine Flasche <u>Weißwein</u>.

_____

Frau Neufeld: Mein Mann trinkt keinen Wein. Ihm gefällt nur <u>Bier</u>.

_____

Herr Benz: Meine Frau ist Antialkoholikerin und trinkt nur <u>ein Gläschen Rotwein</u> zu Weihnachten.

_____

Frau Neufeld: Übrigens, Herr Benz, haben Sie <u>den Vertrag</u> mitgebracht?

_____

Herr Benz: Jawohl.

School

Conversation: **An der Bushaltestelle (At the bus stop)**

Two friends are talking about a foreigner they see standing in front of City Hall.

Tina: Wer ist der junge Mann, der vor dem Rathaus steht?

Who is the young man standing in front of City Hall?

Felix: Das ist John Weston. Er ist Amerikaner und ein **Austauschstudent** aus Kalifornien.

That is John Weston. He is an American and an exchange student from California.

Tina: Ich habe ihn gestern in der Bank **sprechen hören**. Er spricht gut aber mit einem Akzent.

I heard him speaking in the bank yesterday. He speaks well but with an accent.

Felix: Er kann auch ein bisschen Spanisch und Italienisch. Er **studiert** Medizin an der Uni.

He also knows a little Spanish and Italian. He is studying medicine at the university.

Tina: Und wer ist die junge Frau neben ihm?

And who is the young woman next to him?

Felix: Das ist seine Verlobte. Sie ist Österreicherin aus Wien.

That's his fiancée. She's an Austrian from Vienna.

Tina: Studiert sie auch?

Is she also studying? Is she a student, too?

Felix: Nein. Sie ist schon **Lehrerin** in einer **Grundschule** in einem Vorort.

No. She's already a teacher in a primary school in a suburb.

ÜBUNG

6·1

*Based upon the dialogue **An der Bushaltestelle**, supply a logical response to each statement or question.*

1. Wo steht der junge Amerikaner?

_____

2. Er ist Amerikaner und Austauschstudent.

_____

3. Er studiert Medizin an der Universität.

_____

4. Wer steht neben dem jungen Amerikaner?

_____

5. Seine Verlobte ist Österreicherin.

_____

Schulen

Americans tend to use the word *student* to refer to anyone involved in education. Germans make a distinction between a child who goes to school and a young adult going to college.

der Schüler, die Schülerin	*student, pupil, schoolboy/schoolgirl*
der Gymnasiast, die Gymnasiastin	*student at a preparatory high school*
der Student, die Studentin	*university student*
der Kommilitone, die Kommilitonin	*classmate, fellow student*

There is also a variety of names for educational institutions. Let's look at some sentences that illustrate these.

Gehst du gern in die Schule?	*Do you like going to school?*
Mein Sohn besucht eine Grundschule.	*My son attends a primary school.*
Meine Tochter besucht eine Hauptschule.	*My daughter attends a vocational high school.*
Unsere Kinder sind auf der Realschule.	*Our children go to a traditional high school.*
Besuchst du das Gymnasium?	*Do you attend a prep school?*

In order to attend a university, a German high school student must pass the entrance examination, called **das Abitur**.

Hast du das **Abitur** schon gemacht?	*Have you already passed the university entrance exam?*
Sie geht nächstes Jahr an die Universität.	*She is going to college next year.*
Professor Benz lehrt an einer Uni.	*Professor Benz teaches at a college.*
In Physik hat sie die beste Note bekommen.	*She got her best grade in the physics class.*
Ich bekomme dieses Jahr ein schlechtes Zeugnis.	*I am getting a bad report card this year.*

You are surely familiar with the past tense, but let's review how that tense is used differently in narratives and in conversation. When talking about the past in casual conversation, the present perfect tense is most commonly used. The simple past tense is usually used for narratives and writing. For example:

NARRATIVE	CONVERSATION
Er machte das Abitur.	Er hat das Abitur gemacht.
Sie bekam eine gute Note.	Sie hat eine gute Note bekommen.

Remember that verbs of motion and verbs that describe a change in state of being use **sein** as their auxiliary. Transitive verbs use **haben**. Let's review some regular and irregular verbs conjugated in the present perfect tense.

	besuchen (*to visit, attend*)	reisen (*to travel*)
ich	habe besucht	bin gereist
du	hast besucht	bist gereist
er	hat besucht	ist gereist

	sprechen (*to speak*)	fahren (*to drive*)
wir	haben gesprochen	sind gefahren
ihr	habt gesprochen	seid gefahren
sie (*pl.*)	haben gesprochen	sind gefahren

The verbs **haben**, **sein**, and **werden** deserve a special look.

	haben (*to have*)	sein (*to be*)	werden (*to become, get*)
ich	habe gehabt	bin gewesen	bin geworden
du	hast gehabt	bist gewesen	bist geworden
er	hat gehabt	ist gewesen	ist geworden

ÜBUNG

6·2

In the blank provided, supply a phrase or sentence that fits logically into each three-line dialogue. For example:

Thomas: Geht es dir gut?

Erik: *Nein, es geht mir schlecht.*

Thomas: Bist du wieder krank?

1. Der Professor lehrt an der Universität.

   Was lehrt er?

   _____

2. Hast du schon das Abitur gemacht?

   _____

   Was möchtest du studieren?

3. Ich bekomme dieses Semester in Physik eine schlechte Note.

   _____

   Du bist immer klüger als ich gewesen.

4. Tina steht vor dem Rathaus.

   _____

   Das ist ein Austauschstudent aus Amerika.

5. Nächstes Jahr besucht Sabine die Grundschule.

   _____

   Im Mai wird sie sieben Jahre alt.

6. Erik ist ein Kommilitone von mir.

   _____

   Nein, er möchte Lehrling (*apprentice*) in einer Fabrik (*factory*) werden.

7. Meine Tochter ist auf der Realschule.

   Mein Sohn besucht das Gymnasium.

   _____

8. Er kommt aus Kalifornien.

   Spricht er Deutsch?

   _____

9. Wer ist der Herr, der vor dem Rathaus steht?

   Das ist Professor Keller.

   _____

10. Felix, gehst du gern in die Schule?

    Ja, aber ich bekomme schlechte Noten.

    _____

Double infinitive pattern

It is important to remember that with modal auxiliaries and a few other verbs, the present perfect tense requires a *double infinitive*. Let's look at some examples.

PRESENT TENSE	PRESENT PERFECT TENSE	
ich muss lernen	ich habe **lernen müssen**	*I had to study*
du sollst arbeiten	du hast **arbeiten sollen**	*you were supposed to work*
er kann singen	er hat **singen können**	*he could sing*
wir dürfen gehen	wir haben **gehen dürfen**	*we were allowed to go*
ihr müsst helfen	ihr habt **helfen müssen**	*you had to help*
Sie wollen schlafen	Sie haben **schlafen wollen**	*you wanted to sleep*

Other verbs that follow the double infinitive pattern in the present perfect tense are **sehen**, **hören**, **helfen**, and **lassen**. Consider these example sentences.

PRESENT TENSE	PRESENT PERFECT TENSE	
ich sehe ihn schwimmen	ich habe ihn **schwimmen sehen**	*I saw him swimming*
du hörst sie singen	du hast sie **singen hören**	*you heard them singing*

| sie hilft mir arbeiten | sie hat mir **arbeiten helfen** | *she helped me work* |
| wir lassen es reparieren | wir haben es **reparieren lassen** | *we had it repaired* |

ÜBUNG
6·3

Rewrite each sentence in the present perfect tense.

1. Wir schreiben Hausaufgaben (*write/do the homework assignments*).

   _____

2. Ich lese den Artikel (*read the article*).

   _____

3. Wer unterrichtet bei dir Englisch (*teaches English to you*)?

   _____

4. Sie muss eine Berufsschule (*vocational college*) besuchen.

   _____

5. Er lässt sein Auto waschen (*has his car washed*).

   _____

6. Wie lange dauert es?

   _____

7. Ihr hört ihn Deutsch sprechen.

   _____

8. Felix bekommt eine sehr gute Note.

   _____

9. Kleine Kinder können den Kindergarten besuchen.

   _____

10. Sie hat mein Lehrbuch (*textbook*).

    _____

11. Ich belege (*take*) einen Deutschkurs (*German course*).

    _____

12. Du übersetzt einen Text.

    _____

13. Sie lernen das Lied (*song*) auswendig (*by heart*).

    _____

14. Er will seine Note verbessern (*improve*).

_____

15. Der Schüler macht einen Fehler.

_____

Im Klassenzimmer

Look at the following sentences, illustrating some of the things that students in a classroom might say when talking about school.

Um wie viel Uhr kommen sie zur Schule?	*What time do they come to school?*
Der Neuling aus Bonn ist sportlich.	*The new boy from Bonn is athletic.*
Die Physikaufgaben sind auf Seite elf.	*The physics assignments are on page eleven.*
Auf welcher Seite stehen die Lösungen der Übung?	*On what page are the answers to the exercise?*
Ich lese ein paar Seiten für Geschichte.	*I am reading a couple pages for history.*

Just like in any school, being on time (**pünktlich**) in a German school is essential.

Die Lehrerin ist immer **pünktlich**.	*The teacher is always punctual.*
Man muss **pünktlich** zur Schule kommen.	*You have to come to school on time.*

And just like students in any school, German students worry about being smart enough for tough subjects.

Ist Deutsch für dich leicht oder schwer?	*Is German easy or hard for you?*
Ich bin leider kein Genie.	*Unfortunately, I am not a genius.*
Mein Bruder ist in Mathe sehr klug.	*My brother is very smart in math.*

German teachers are as demanding as teachers elsewhere in the world, and they have a reputation for being strict but fair. You would probably hear statements like the following in a typical German classroom.

Nächste Stunde wiederholen wir das Gedicht noch einmal.	*We will repeat the poem one more time in the next lesson.*
Bringt eure Bücher und Hefte mit!	*Bring along your books and notebooks.*
Ruhe bitte!	*Quiet, please!*

Dedicated students take their schoolwork seriously and make every effort to keep up and to know what is required of them. The following are typical comments you might hear them make.

Was hat sie an die Tafel geschrieben?	*What did she write on the board?*
Hat er unsere Klassenarbeit korrigiert?	*Has he graded the quiz?*
Welche Fächer standen gestern auf dem Stundenplan?	*What subjects were scheduled for yesterday?*
Dieser Physikkurs ist nicht für Anfänger.	*This physics course is not for beginners.*

And a day off from schoolwork is always welcome.

Morgen haben wir keine Schule!	*We don't have school tomorrow!*

Put each group of sentences in the correct order for a conversation between two people.

1. Spielt er Fußball? / Der Neuling aus Bremen ist sportlich. / Nein, er spielt Tennis.

_____

_____

_____

2. Hoffentlich bekomme ich eine gute Note. / Noch nicht. / Hat Frau Schiller das Examen korrigiert?

_____

_____

_____

3. Ich kann nicht. Ich bin kein Genie. / Wir müssen achtzig Seiten lesen. / Vielleicht. Aber du musst.

_____

_____

_____

4. Deutsch und Physik. / Der Physikkurs ist nicht für Anfänger. / Welche Fächer standen auf dem Stundenplan?

_____

_____

_____

5. Auf Seite vierzig. / Ich verstehe kein Wort. / Auf welcher Seite steht die Hausaufgabe?

_____

_____

_____

6. Ist das die neue Hausaufgabe? / Er hat etwas an die Tafel geschrieben. / Nein, das ist der Stundenplan für morgen.

_____

_____

_____

7. Warum bist du so faul? / Ich habe es noch nicht gelesen. / Morgen wiederholen wir das Gedicht noch einmal.

_____

_____

_____

8. Ja, aber mit einem deutschen Akzent. / Und du sprichst auch sehr gut. / Englisch ist für mich ziemlich leicht.

_____

_____

_____

9. Ich habe den Neuling schwimmen sehen. / Er ist sehr sportlich. / Er ist auch sehr klug.

_____

_____

_____

10. Wir müssen unsere Noten verbessern. / Ich werde ein schlechtes Zeugnis bekommen. / Ich auch.

_____

_____

_____

11. Nein, Physik ist zu schwer. / Haben Sie einen Physikkurs belegt? / Was für einen Kurs werden Sie belegen?

_____

_____

_____

12. Aber wir mögen diese Schule. / Ihr werdet eine andere Schule besuchen müssen. / Es tut mir leid. Wir haben keinen Platz mehr.

_____

_____

_____

13. Nein, morgen ist Sonntag. / Morgen haben wir einen Test. / Morgen haben wir keine Schule.

_____

_____

_____

14. Ja, er heißt Erik und ist sehr klug. / Er hat letzten Monat das Abitur gemacht. / Kennst du den Neuling aus München?

_____

_____

_____

15. Willst du eine schlechte Note bekommen? / Nein, Herr Braun. Ich habe sie leider vergessen. / Lars, hast du deine Bücher mitgebracht?

_____

_____

_____

Studieren and lernen

The German verb **studieren** is used specifically to describe someone taking courses at a university.

Mein Bruder **studiert** in Heidelberg.	*My brother is studying in Heidelberg.*
Haben Sie Anglistik **studiert**?	*Did you study English language and literature?*

The verb **lernen** means *to learn*, but it is also used to mean *to study* when it describes the action of sitting down with one's books and spending time studying.

Wir haben Physik **gelernt**.	*We learned physics.*
Ich kann nicht gehen. Ich muss **lernen**.	*I cannot go. I have to study.*

Now look at the following sentences that can be used with a variety of subject areas. In the example sentences that follow, you can plug in many kinds of subjects (**Chemie** *chemistry,* **Biologie** *biology,* **Erdkunde** *geography,* **Philosophie** *philosophy,* and so on).

Ich habe mich für Jura immatrikuliert.	*I enrolled in law.*
Hast du dich für Maschinenbau immatrikuliert?	*Did you enroll in mechanical engineering?*
Geschichte ist mein Lieblingsfach.	*History is my favorite subject.*
Am Montag schreiben wir einen Test in Deutsch.	*We are having a test in German on Monday.*

The following sentences are typical comments about academic work.

Seine Vorlesungen finden in diesem Hörsaal statt.	*His lectures are held in this lecture hall.*
Sie will in die Forschung gehen.	*She wants to go into research.*
Hier muss man wissenschaftlich arbeiten.	*You have to do scholarly work here.*
Der Professor hat im Labor gearbeitet.	*The professor worked in the laboratory.*
Biologie, Chemie und Physik zählen zu den Naturwissenschaften.	*Biology, chemistry, and physics belong to the natural sciences.*

And here's one last phrase, one that can be used to talk about an unsuccessful student.

Der faule Junge ist durchgefallen.	*The lazy boy failed.*

Write the word or phrase provided as it would appear in the blank in each sentence. Make any necessary changes.

Meine Lieblingsfächer sind _____.

1. Mathematik und Physik _____

2. Deutsch und Spanisch _____

3. Sport und Geschichte _____

4. Biologie und Erdkunde _____

5. Soziologie (*sociology*) und Chemie _____

_____ schreibt ihr einen Test in Latein (*Latin*).

6. am Montag _____

7. nächste Woche _____

8. im Juni (*June*) _____

9. morgen _____

10. nächsten Freitag _____

Ich habe _____ bekommen.

11. ein Stipendium (*scholarship*) _____

12. gute Noten _____

13. eine schlechte Note _____

14. ein Brief (*letter*) _____

_____ müssen wissenschaftlich arbeiten.

15. wir _____

16. man _____

17. alle (*everyone*) _____

18. du _____

19. ihr _____

Sie hat sich für _____ immatrikuliert.

20. Elektrotechnik (*electrical engineering*) _____

21. Germanistik (*German language and literature*) _____

22. Maschinenbau _____

23. Kunsterziehung (*art education*) _____

24. Jura _____

25. Geschichte _____

ÜBUNG

6·6

Rewrite each line of dialogue with a word or phrase that can replace the underlined words. Make any necessary changes.

Tina: Wer ist der junge <u>Mann</u>, der vor dem <u>Rathaus</u> steht?

_____

Felix: Das ist <u>John Weston</u>. Er ist <u>Amerikaner</u> und ein Austauschstudent aus Kalifornien.

_____

Tina: Ich habe ihn gestern <u>in der Bank</u> sprechen hören. Er spricht gut aber mit einem Akzent.

_____

Felix: Er kann auch ein bisschen <u>Spanisch und Italienisch</u>. Er studiert <u>Medizin</u> an der Uni.

_____

Tina: Und wer ist die junge <u>Frau</u> neben ihm?

_____

Felix: Das ist <u>seine Verlobte</u>. <u>Sie ist Österreicherin aus Wien.</u>

_____

Tina: Studiert sie auch?

Felix: Nein. Sie ist schon <u>Lehrerin</u> in einer <u>Grundschule </u>in einem Vorort.

_____

Entertainment

Conversation: **Der Urlaub ist vorbei (Vacation is over)**

Two girls disagree on what is fun.

Tina: Morgen muss ich leider nach Hause fahren.

Unfortunately, I have to go home tomorrow.

Andrea: Ich auch. Aber ich freue mich schon darauf, weil unser neuer Fernsehapparat geliefert **wird**.

Me, too. But I'm looking forward to it, because our new TV is being delivered.

Tina: Ich **sehe** überhaupt nicht gern **fern**. Ich gehe lieber ins **Theater**.

I don't like watching TV at all. I prefer to go to the theater.

Andrea: Aber das kann sehr teuer sein. Beim **Fernsehen** kostet es nichts.

But that can be very expensive. It doesn't cost anything to watch TV.

Tina: Den **Fernsehapparat** bekommt man nicht umsonst.

You don't get a TV set for free.

Andrea: Im **Theater** sieht man nur ein Stück. Im **Fernsehen** hat man eine riesige Auswahl.

At the theater you see only one play. On television you have a huge selection.

Tina: Im **Theater** gibt es **Ballette**, **Schauspiele**, **Konzerte**, **Opern**.

At the theater there are ballets, plays, concerts, and operas.

Andrea: Auch im **Fernsehen**. Und genau so viel klassische **Musik** wie in einem Konzertsaal.

On TV, too. And exactly as much classical music as in a concert hall.

Tina: Vielleicht. Aber ich finde, dass Live-Aufführungen besser sind.

Perhaps. But I think that live performances are better.

*Based upon the dialogue **Der Urlaub ist vorbei**, supply a logical response to each statement or question.*

1. Worauf freut sich Andrea schon?

_____

2. Ich sehe überhaupt nicht fern.

_____

3. Theaterkarten können sehr teuer sein.

_____

4. Im Theater sieht man nur ein Stück.

_____

5. Was findet Tina besser?

_____

Das Theater

Let's look at some useful vocabulary that theatergoers might need.

Der Vorhang hebt sich.	*The curtain rises.*
Das Theaterstück hat mir sehr gut gefallen.	*I really liked the play.*
Die Schauspieler haben viel Applaus bekommen.	*The actors received a lot of applause.*
Alle klatschen Beifall.	*Everyone applauds.*
Der Vorhang fällt.	*The curtain falls.*

At the theater you can see more than one kind of play.

das Drama	*drama*
das Schauspiel	*play*
die Komödie	*comedy*
die Tragödie	*tragedy*

The audience and the players experience the theater in their own unique ways, as illustrated by the following sentences.

Ein Schauspieler steht auf der Bühne.	*An actor stands on the stage.*
Diese Schauspielerin spielt die Hauptrolle.	*This actress is playing the starring role.*
Sie verbeugt sich zum Dank für den Applaus.	*She bows in thanks for the applause.*
Theaterkarten für eine Loge sind teuer.	*Tickets for a box are expensive.*
Ich habe keine Eintrittskarte.	*I do not have an admission ticket.*
Viele stehen vor der Kasse Schlange.	*Many people are standing in line in front of the box office.*
Im Foyer warten die Platzanweiser.	*The ushers wait in the lobby.*

German has a special verb that is the translation of the English phrase *to watch television:* **fernsehen.** Take a look at its conjugation in the various tenses.

Present	ich **sehe fern**	*I watch television*
Past	ich **sah fern**	*I watched television*
Present perfect	ich habe **ferngesehen**	*I have watched television*
Future	ich werde **fernsehen**	*I will watch television*

ÜBUNG

7·2

In the blank provided, supply a phrase or sentence that fits logically into each three-line dialogue. For example:

Thomas: Geht es dir gut?

Erik: *Nein, es geht mir schlecht.*

Thomas: Bist du wieder krank?

1. Morgen wird der neue Fernsehapparat geliefert.

   _____

   Aber das kann sehr teuer sein.

2. Im Fernsehen hat man eine große Auswahl.

   _____

   Das hat man auch im Fernsehen.

3. Warum stehen so viele Schlange vor der Kasse?

   _____

   Vielleicht sollte ich auch Schlange stehen.

4. Es wird dunkel.

   _____

   Wie schön sieht die Bühne aus!

5. Wer steht auf der Bühne?

   _____

   Spielt er die Hauptrolle?

6. Ich weiß nicht, wo unsere Plätze sind.

   _____

   Aber ich sehe keine Platzanweiser.

7. Haben Sie diese Komödie gemocht?

   _____

   Morgen wird eine Tragödie von Schiller aufgeführt.

8. Alle klatschen Beifall.

_____

Sie verbeugen sich zum Dank für den Applaus.

9. Die Kinder sehen jeden Abend fern.

_____

Ja, vier Stunden ist zu viel.

10. Jetzt fällt der Vorhang.

_____

Und wir müssen nach Hause gehen.

Fernsehen und Radio

In present-day Germany, it is common to use **TV** in place of **Fernseh(en)**. For example: **der Fernsehsender** or **der TV-Sender** (*TV station*), **die TV-Tipps** (*TV tips*), **das Fernsehprogramm** or **das TV-Programm** (*TV program schedule*). The traditional word **Fernsehen** is also still commonly used. For example:

der **Fernseh**empfang	*TV reception*
der **Fernseh**kanal	*TV channel*
der **Fernseh**schirm	*TV screen*
der **Fernseh**turm	*TV tower*

As we have seen above, it is very common to use the stem of the word **Fernsehen** (**Fernseh-**) as a prefix. Here are some more examples.

Was kommt um neun Uhr im **Fernsehen**?	*What's on TV at nine o'clock?*
Welche **Fernseh**sendung ist das?	*What TV program is that?*
Die nächste **Fernseh**übertragung ist in fünf Minuten.	*The next TV broadcast is in five minutes.*
Es ist ein **Fernseh**programm über die Wirtschaft.	*It's a TV show about the economy.*
Wie viele **Fernseh**kanäle habt ihr?	*How many TV channels do you have?*

On German cable television, there is a variety of programming, including special-interest shows, movies, and the occasional commercial.

Endlich sind wir verkabelt.	*We finally have cable.*
Was siehst du dir am liebsten an?	*What is your favorite thing to watch?*
Ich sehe mir oft einen Zeichentrickfilm an.	*I often watch a cartoon.*
Schon wieder Werbung!	*Another commercial!*
Wo ist die Fernbedienung?	*Where is the remote control?*
Die Kindersendung begann vor zehn Minuten.	*The children's program began ten minutes ago.*

Here are some of the other types of films that are popular on cable or other forms of television:

der Spielfilm	*feature film*
der Dokumentarfilm	*documentary*
der Wildwestfilm	*cowboy movie*

Radio is as important and popular as ever. When speaking in German about listening to the radio, do not use the verb **zuhören** (*to listen*). Just use **hören** (*to hear*).

Was **hörst** du gern im Radio?	*What do you like listening to on the radio?*
Ich **höre** gern Oper.	*I like listening to opera.*
Mein **Sohn** hört lieber Rockmusik.	*My son prefers listening to rock.*

The following are some of the kinds of programs available on the radio:

eine Sinfonie	*a symphony*
ein Klavierkonzert	*a piano concert (concerto)*
die Nachrichten	*news*
die Sportsendung	*sports program*
die Talkshow	*talk show*

The German passive voice occurs regularly in this book. Let's review the passive voice, which is relatively easy to understand and to use. It is composed of a conjugation of the verb **werden** and the past participle of a transitive verb. Be aware that the passive conjugation uses **worden** in the perfect tenses instead of **geworden**. **Geworden** is the participial form of **werden** in its other (nonpassive) uses.

Present	Das Radio wird repariert.	*The radio is repaired.*
Past	Das Radio wurde repariert.	*The radio was repaired.*
Present perfect	Das Radio ist repariert **worden**.	*The radio has been repaired.*
Future	Das Radio wird repariert werden.	*The radio will be repaired.*

As participles and tenses change in a passive sentence, so too does the meaning. For example:

Das Radio wird verkauft.	*The radio is sold.*
Das Radio wurde gebrochen.	*The radio was broken.*
Das Radio ist gefunden **worden**.	*The radio has been found.*
Das Radio wird geliefert werden.	*The radio will be delivered.*

Put each group of sentences in the correct order for a conversation between two people.

1. Heute wird ein Wildwestfilm gespielt. / Was gibt's heute im Fernsehprogramm? / Schade. Ich mag Fußball.

   _____

   _____

   _____

2. Nein, ein Dokumentarfilm. / Ein Spielfilm? / Ein Film wird hier in der Stadt gedreht (*shot, filmed*).

   _____

   _____

   _____

3. Um neunzehn Uhr. / Um wie viel Uhr kommt die Kindersendung? / Um neunzehn Uhr? Ich möchte mir die Nachrichten ansehen.

   _____

   _____

   _____

4. Überhaupt nicht! Er hört nur klassische Musik. / Mein Großvater hört jeden Abend Radio. / Hört er Rockmusik?

   _____

   _____

   _____

5. Aber ich wollte einen neuen Fernsehapparat kaufen. / Der neue Kühlschrank (*refrigerator*) wird am Montag geliefert. / Warum? Wir sind noch nicht verkabelt.

   _____

   _____

   _____

6. Schon wieder Werbung! / Sehen wir uns den neuen Zeichentrickfilm an! Er beginnt jetzt. / Aber was ist das?

   _____

   _____

   _____

7. Wie kannst du jetzt Musik hören? / Das alte Radio ist von meinem Vater verkauft worden. / Ich kann Radiosendungen am Laptop empfangen.

   _____

   _____

   _____

8. Nein, die Kindersendung beginnt in fünf Minuten. / Wo ist die Fernbedienung? / Willst du dir einen Dokumentarfilm ansehen?

_____

_____

_____

9. Es ist wahrscheinlich ein Problem mit der Antenne (*antenna*). / Warum ist der Fernsehempfang so schlecht? / Unmöglich! Wir sind verkabelt.

_____

_____

_____

10. Ja, manchmal diskutieren die Gäste wichtige (*important*) Probleme. / Aber heute sehen wir uns ein Fußballspiel an. / Ich finde eine Talkshow sehr interessant.

_____

_____

_____

Das Kino

A movie theater is most frequently called **das Kino**. But a couple other words are sometimes used.

der Filmpalast	*movie palace*
das Filmtheater	*movie theater*
das Lichtspielhaus	*movie house (light theater)*

Let's look at some words and phrases that contain the word **Film** as a prefix to form a new word.

der **Film**projektor	*movie projector*
der **Film**star	*movie star*
die **Film**leinwand	*movie screen*

Kino can also function as a prefix.

der **Kino**besucher / die **Kino**besucherin	*moviegoer*
die **Kino**karte	*ticket*
die **Kino**kasse	*movie box office*
die **Kino**vorstellung	*the showing of the movie*

Going to the movies is very popular in the German-speaking world. Although many fine German films are produced, foreign films are often shown in movie theaters or on television.

Ich gehe morgen ins **Kino**.	*I'm going to the movies tomorrow.*
Was läuft?	*What's playing?*
Ein italienischer Spiel**film**.	*An Italian feature film.*

Was für **Filme** siehst du dir gerne an?	*What kind of movies do you like to watch?*
Amerikanische Krimis.	*American crime dramas.*
Ihr Lieblingsfilmstar ist Tom Cruise.	*Her favorite star is Tom Cruise.*

The verbs **beginnen** and **anfangen** both mean *to begin/start* and can generally be used interchangeably.

| Es wird dunkel. Der **Film beginnt**. | *The lights go down. The movie starts.* |
| Um wie viel Uhr **fängt** die Vorstellung **an**? | *What time does the show begin?* |

The film industry produces many kinds of jobs, from projectionist to actor.

Meine Freundin studiert **Film**kunst.	*My girlfirend is studying the art of film.*
Ich bin **Film**vorführer beim **Kino**.	*I'm a projectionist at the movies.*
Ist Ihre Nichte noch beim **Film**?	*Is your niece still in the movies?*
Ja, sie hat eine Rolle in einem neuen Wildwest**film**.	*Yes, she has a role in a new cowboy movie.*
War Spielberg der Regisseur?	*Was Spielberg the director?*

Conversation: **Am Abend** (In the evening)

Two young people are planning an evening at the movies.

Karin: Was machen wir heute Abend? Willst du spazieren gehen?	*What are we doing this evening? Do you want to go for a walk?*
Andreas: Nein, heute zeigen sie zwei **Filme** im Liliencronlichtspielhaus.	*No, they're showing a double feature at the Liliencron Theater today.*
Karin: Zwei **Filme**! Prima! Um wie viel Uhr beginnt die Vorstellung?	*Two movies! Great! What time does the show start?*
Andreas: Um zwanzig Uhr. Willst du zu Fuß gehen?	*At eight p.m. Do you want to walk there?*
Karin: Nein, das **Kino** ist zu weit weg. Fahren wir mit einem Taxi!	*No, the theater is too far. Let's go by taxi.*
Andreas: Gute Idee. Weißt du, wie viel die **Kinokarten** kosten?	*Good idea. Do you know how much the tickets cost?*
Karin: Letzte Woche hat es acht Euro gekostet. Hast du genug Geld?	*Last week it cost eight euros. Do you have enough money?*
Andreas: Kein Problem. Treffen wir uns vor der **Kasse**.	*No problem. Let's meet in front of the box office.*
Karin: Übrigens. Wie heißen die **Filme**?	*By the way, what are the movies called?*
Andreas: Ich weiß es nicht. Aber beide sind amerikanisch mit Brad Pitt in der Hauptrolle.	*I don't know. But they're both American, with Brad Pitt playing the lead.*

Based upon the dialogue **Am Abend**, *supply a logical response to each statement or question.*

1. Wer will heute Abend spazieren gehen?

   _____

2. Heute Abend zeigen sie zwei Filme.

   _____

3. Will Karin zu Fuß ins Kino gehen?

   _____

4. Die Kinokarten kosten acht Euro.

   _____

5. Wo treffen sich Karin und Andreas?

   _____

6. Beide Filme sind amerikanisch.

   _____

Der Zoo

The zoo is a popular place for amusement, and Germany has some fine zoos. Consider the following words for Asian and African animals. They are all **Warmblüter** (*warm-blooded animals*).

das Nashorn	*rhinoceros*
das Nilpferd	*hippopotamus*
der Affe	*monkey, ape*
der Elefant	*elephant*
der Löwe	*lion*
der Tiger	*tiger*
die Giraffe	*giraffe*

Some of the following animals can be found on other continents but are in great abundance in North America and Europe. They are also **Warmblüter**.

der Bär	*bear*
der Fuchs	*fox*
der Hirsch	*stag, deer*
der Seehund	*seal*
der Wolf	*wolf*

Other animals are **Kaltblüter** (*cold-blooded animals*).

das Krokodil	*crocodile*
der Frosch	*frog*
die Eidechse	*lizard*
die Schildkröte	*turtle*
die Schlange	*snake*

The word **Tier** (*animal*) is sometimes combined with other words to form new words. For example:

Der **Tier**garten ist nicht weit von hier.	*The zoo is not far from here.*
Viele **Tiere** sind gefährlich.	*Many animals are dangerous.*
Dieses **Tier** ist harmlos.	*This animal is harmless.*
Was für **Tiere** sind in diesem Käfig?	*What kind of animals are in this cage?*
Die **Tier**wärterin füttert die Affen.	*The keeper is feeding the monkeys.*

The kind of climate an animal comes from and its means of defense often determine the animal's behavior. For example:

Ein Eisbär schläft im Schwimmbad.	*A polar bear is sleeping in the pool.*
Kamele leben in der Wüste.	*Camels live in the desert.*
Vorsicht! Klapperschlangen sind giftig.	*Careful! Rattlesnakes are poisonous.*
Legen Krokodile Eier?	*Do crocodiles lay eggs?*
Dieser Papagei kann sprechen.	*This parrot can talk.*
Sind die Streifen des Zebras schwarz oder weiß?	*Are the zebra's stripes black or white?*

Take care to use the accusative case after the expression **es gibt / es gab / es hat gegeben / es wird geben**. For example:

Es gibt keine Milch mehr zu kaufen.	*There isn't any milk left to buy.*
Es gibt keinen Wein im Supermarkt.	*There isn't any wine at the supermarket.*

ÜBUNG
7·5

In the blank provided, supply a phrase or sentence that fits logically into each three-line dialogue. For example:

Thomas: Geht es dir gut?

Erik: *Nein, es geht mir schlecht.*

Thomas: Bist du wieder krank?

1. Das Nilpferd wiegt (*weighs*) so viel wie ein Auto.

_____

Gibt es ein Tier, das noch größer ist?

2. Man sagt, dass ein Fuchs sehr schlau ist.

   _____

   Nein, ein Affe ist nicht dumm, sondern nur komisch (*funny*).

3. _____

   Der Elefant frisst in seinem Stall.

   Er benutzt seinen Rüssel (*trunk*) wie eine Hand.

4. Wir gehen schon mehr als eine Stunde zu Fuß.

   Der Tiergarten ist jetzt nicht mehr weit von hier.

   _____

5. Sind alle Schlangen giftig?

   _____

   Klapperschlangen sehen gefährlich aus.

6. Ist ein Nilpferd ein Kaltblüter?

   _____

   Ach so. Wie Bären und Wölfe.

7. Der Eisbär schwimmt in seinem Schwimmbad.

   _____

   Das ist kein Problem. Er liebt das kalte Wetter.

8. Was für Tiere können in der Wüste leben?

   _____

   Und Schlangen auch.

9. Der Papagei ist ein hübscher Vogel (*beautiful bird*).

   _____

   Wirklich? Deutsch oder Englisch?

10. Sind es nur Vögel, die Eier legen können?

   _____

   Also, viele Kaltblüter.

*Rewrite each line of dialogue with a word or phrase that can replace the underlined words.
Make any necessary changes.*

Am Abend

_____

Karin: Was machen wir heute Abend? Willst du <u>spazieren gehen</u>?

_____

Andreas: Nein, heute zeigen sie <u>zwei Filme</u> im <u>Liliencronlichtspielhaus</u>.

_____

Karin: Zwei Filme! Prima! Um wie viel Uhr beginnt die Vorstellung?

Andreas: <u>Um zwanzig Uhr</u>. Willst du <u>zu Fuß gehen</u>?

_____

Karin: Nein, das Lichtspielhaus ist zu weit. Fahren wir mit <u>einem Taxi!</u>

_____

Andreas: Gute Idee. Weißt du, wie viel die Kinokarten kosten?

Karin: Letzte Woche hat es <u>acht Euro</u> gekostet. Hast du genug Geld?

_____

Andreas: <u>Kein Problem</u>. Treffen wir uns <u>vor der Kasse</u>.

_____

Karin: Übrigens. Wie heißen die Filme?

Andreas: Ich weiß es nicht. Aber beide sind <u>amerikanisch</u> mit <u>Brad Pitt</u> in der Hauptrolle.

_____

Shopping

Conversation: **Im Einkaufszentrum (At the mall)**

Mom and Dad arrive at the shopping mall and start their shopping trip.

Mutter: Endlich sind wir da! Wir **hätten** mit einem Taxi **fahren sollen**.

We're finally here. We should have taken a taxi.

Vater: Ja, das **Einkaufszentrum** ist weit entfernt, aber es ist gesund zu Fuß zu gehen.

Yes, the mall is far away, but it's healthy to go on foot.

Mutter: Wo ist meine Liste? Ich möchte Sabine eine kurze Hose und neue Strümpfe **kaufen**.

Where is my list? I'd like to buy Sabine shorts and new stockings.

Vater: Hans braucht nur Sportkleidung. Und neue Turnschuhe. Der Junge lebt jetzt im Turnstudio.

Hans just needs sportswear. And new gym shoes. The boy lives at the fitness club now.

Mutter: Guck mal! Der Anzug im Schaufenster sieht schick aus. Perfekt für dich.

Look. The suit in the store window looks elegant. Perfect for you.

Vater: Nein. Die braune Farbe **steht** mir nicht gut.

No. I don't look good in brown.

Mutter: Vielleicht der Blaue mit einem gestreiften Schlips.

Maybe the blue one with a striped tie.

Vater: Es ist schon elf Uhr. Ich möchte eine Tasse Kaffee und ein Sandwich.

It's already eleven o'clock. I'd like a cup of coffee and a sandwich.

Mutter: Es ist zu früh, und wir müssen noch viele **Einkäufe machen**.

It's too early, and we still have a lot of shopping to do.

Vater: Fragen wir den **Verkäufer** da, wo die Sportkleidung ist!

Let's ask the salesman there where the sportswear is.

Based upon the dialogue **Im Einkaufszentrum**, *supply a logical response to each statement or question.*

1. Warum hätten sie mit einem Taxi fahren sollen?

_____

2. Ich möchte Sabine eine Bluse und neue Strümpfe kaufen.

_____

3. Hans lebt jetzt im Turnstudio.

_____

4. Was sieht die Mutter im Schaufenster?

_____

5. Es ist schon elf Uhr.

_____

6. Mach schnell! Wir müssen noch viele Einkäufe machen.

_____

Einkaufen

There are numerous words that describe places where you can shop, from the tiniest corner shop to a giant mall. For example:

der Laden	*shop*
das Geschäft	*store*
das Kaufhaus	*department store*
das Einkaufszentrum	*shopping mall*

Besides stores that sell general merchandise, there are stores that sell specific kinds of goods. For example:

die Drogerie	*drugstore*
die Apotheke	*pharmacy*
die Metzgerei	*butcher shop*
die Molkerei	*dairy products store*
das Lebensmittelgeschäft	*grocery store*
die Buchhandlung	*bookstore*

Die Waren (*the goods*) sold in specialized stores are often categorized by a single word.

die Eisen**waren**	*hardware*
die Haushalts**waren**	*housewares*

And then there are businesses that sell no products at all but deal in services instead.

der Damenfriseur	*ladies' hairdresser*
der Herrenfriseur	*men's barber*

When purchasing clothing, there are some practical phrases that will come in handy.

Dieses Kleid passt mir nicht.	*This dress does not fit me.*
Welche Größe brauchen Sie?	*What size do you need?*
Sagen Sie mir bitte, wo der Umkleideraum ist!	*Please tell me where the changing room is.*

No matter what you buy, you always have to be concerned with how much something costs. The words **kosten** (*to cost*), **billig** (*cheap*), and **teuer** (*expensive*) will be very useful.

Wie viel **kosten** diese Handschuhe?	*How much do these gloves cost?*
Das ist **billig**.	*That is cheap.*
Das ist viel zu **teuer**.	*That is far too expensive.*

Some things can only be bought if they are **erhältlich** (*available/obtainable*) in a particular store or if they are **vorrätig** (*in stock*). For example:

Die Medizin ist nur auf Rezept **erhältlich**.	*The medicine is only available by prescription.*
Ist dieses Werkzeug **vorrätig**?	*Is this tool in stock?*

ÜBUNG

8·2

In the blank provided, supply a phrase or sentence that fits logically into each three-line dialogue. For example:

Thomas: Geht es dir gut?

Erik: *Nein, es geht mir schlecht.*

Thomas: Bist du wieder krank?

1. Fahren wir heute zum Einkaufszentrum!

   _____

   Ja, ich möchte einen neuen Anzug kaufen.

2. Dieses Werkzeug ist sehr preiswert. Es kostet nur dreißig Euro.

   Ist es vorrätig?

   _____

3. Ich möchte eine Tasse Kaffee.

   _____

   Wir haben genug Zeit. Es ist nur elf Uhr.

4. Passt mir dieses Kleid?

_____

Wo ist der Umkleideraum?

5. Wie viel kosten diese Strümpfe?

_____

Das ist sehr teuer. Haben Sie Billigere?

Kaufen und verkaufen (Buying and selling)

Let's look at a variety of other words and phrases shoppers commonly use.

Unsere Tochter ist **Kauf**süchtig.	_Our daughter is a shopaholic._
Es gibt keine Ein**kauf**swagen mehr.	_There aren't any more shopping carts._
Ich habe meine Ein**kauf**stasche mit.	_I have my shopping bag along._
Er hat seinen Ein**kauf**szettel verloren.	_He lost his shopping list._

The noun **der Laden** refers to a small establishment and can be translated as either _shop_ or _store_.

Ein Blumen**laden** wird im Dorf eröffnet.	_A flower shop is being opened in the village._
Der **Laden**besitzer macht eine Geschäftsreise.	_The store owner is on a business trip._
In diesem **Laden** gibt es Lebensmittel.	_This store sells groceries._

When shoppers complain about high prices, they openly speak their mind to friends or to a shopkeeper. For example:

Für einen Euro bekommt man heute weniger als früher.	_Today you get less for a euro than you used to._
Das ausländische Geld hat keine **Kauf**kraft.	_Foreign money has no buying power._

The verb **verkaufen** (_to sell_) becomes **der Verkauf** (_sale_) as a noun. Notice that the expression _for sale_ in English uses a different preposition in German: **zum Verkauf.**

Er hat sein Fahrrad zum **Verkauf** angeboten.	_He put his bike up for sale._
Endlich tätigst du einen **Verkauf.**	_You finally make a sale._

The following phrases will come in handy for the purchaser who is looking for a bargain.

viele preiswerte Artikel	_lots of good buys_
ein Einkäufermarkt	_a buyer's market_
der Preisschlager des Monats	_the best buy of the month_
der Räumungs**verkauf**	_clearance sale_
der Schluss**verkauf**	_end-of-the season sale_
der Aus**verkauf**	_liquidation sale_
das Mindesthaltbarkeitsdatum	_sell-by date_

Die Kleidung (clothing)

After grocery shopping, shopping for clothing is probably the next most popular shopping activity. The following kinds of apparel are among the most frequently bought. For example, on a rainy day you would need:

der Regenmantel	*raincoat*

For the feet, besides **Strümpfe** (*stockings*), you could buy the following items.

die Socken	*socks*
die Stiefeln	*boots*

Everyone, children and adults alike, needs undergarments. Consider these sentences.

Mein Sohn braucht eine neue Unterhose.	*My son needs new underpants.*
Zieh dir ein Unterhemd an!	*Put on an undershirt!*
Ich möchte diesen Büstenhalter **kaufen**.	*I'd like to buy this bra.*
Dieser Schlüpfer ist alt.	*These panties are old.*
die Strumpfhose	*panty hose*

And to keep your head and neck warm you need:

der Hut	*hat*
die Mütze	*cap*
der Schal	*scarf*

Perhaps the most common items of apparel among young and old alike are the following:

Dieses T-Shirt ist ganz modisch.	*This T-shirt is quite fashionable.*
Erik und Tina tragen teure Jeans.	*Erik and Tina wear expensive jeans.*

The verb **ziehen** (*to pull, draw*) is used with three specific prefixes (**an-**, **aus-**, and **um-**) when talking about dressing.

Ich **ziehe** meine Schuhe **an**.	*I put on my shoes.*
Die Sportler **ziehen** sich **aus**.	*The athletes undress.*
Du musst dich schnell **umziehen**.	*You have to change (your clothes) fast.*

ÜBUNG
8·3

Write the word or phrase provided as it would appear in the blank in the line of dialogue. Make any necessary changes in the rest of the line as well.

Warum hast du _____ gekauft?

1. dieser Regenmantel _____

2. eine blaue Bluse _____

3. ein roter Rock _____

4. keine Stiefeln _____

5. eine braune Strumpfhose _____

_____ zog die neue Jeans an.

6. ich _____

7. du _____

8. sie (*s.*) _____

9. wir _____

10. Sie _____

Er muss _____ ausziehen.

11. seine Jacke _____

12. sein Sakko (*sports jacket*) _____

13. sein Unterhemd _____

14. meine Handschuhe _____

15. der alte Anzug _____

Hier werden _____ eröffnet.

16. eine Apotheke _____

17. zwei Kaufhäuser _____

18. eine neue Buchhandlung _____

19. keine neuen Geschäfte _____

20. eine Metzgerei _____

Sie sollten _____ anprobieren.

21. der blaue Sakko _____

22. diese Lederjacke (*leather jacket*) _____

23. mein buntes Hemd _____

24. ein größerer Rock (*skirt*) _____

25. die billigen Handschuhe _____

_____ ziehen sich um.

26. ich _____

27. du _____

28. er _____

29. ihr _____

30. der neue Verkäufer _____

In diesem Geschäft gibt es _____.

31. nur Eisenwaren _____

32. keine Haushaltswaren _____

33. keine Lebensmittel _____

34. Kleidung für Kinder _____

35. Spielzeug (*toys*) _____

Das gestreifte Hemd steht _____ nicht.

36. ich _____

37. er _____

38. dein Vater _____

39. der Damenfriseur _____

40. der Ladenbesitzer _____

Wir bieten _____ zum Verkauf an.

41. der alte Regenmantel _____

42. die neuen Turnschuhe _____

43. dieser Badeanzug (*bathing suit*) _____

44. dieses T-Shirt _____

45. der braune Hut _____

Ich beeile mich (*hurry*) in _____ zu gehen.

46. die Molkerei _____

47. das Einkaufszentrum _____

48. das neue Kaufhaus _____

49. eine Apotheke _____

50. das Lebensmittelgeschäft _____

Subjunctive review

Let's look at a few examples of present and past subjunctive conjugations, as a review.

Regular verbs

PRESENT SUBJUNCTIVE	PAST SUBJUNCTIVE
ich mache	ich machte
du machest	du machtest
er mache	er machte
wir machen	wir machten

ihr machet	ihr machtet
sie machen	sie machten

Irregular verbs

PRESENT SUBJUNCTIVE	PAST SUBJUNCTIVE
ich sehe	ich sähe
du sehest	du sähest
er sehe	er sähe
wir sehen	wir sähen
ihr sehet	ihr sähet
sie sehen	sie sähen

There is a special phrase that can come in handy for a variety of situations. It involves the subjunctive voice of the verb **haben** and the modal auxiliary **sollen**. Look at the following examples.

Wir **hätten** mit einem Taxi fahren **sollen**.	*We should have taken a taxi.*
Ich **hätte** das nicht sagen **sollen**.	*I should not have said that.*
Du **hättest** ihr damit helfen **sollen**.	*You should have helped her with that.*

The verb **haben** is conjugated in the past subjunctive and any number of infinitives can precede **sollen** in these sentences: **hätten** + infinitive + **sollen**.

Conversation: Im Turnstudio (At the fitness club)

Two young men have just finished working out. They are discussing the shopping trip they agreed to.

Martin: Hast du noch nicht geduscht?	*Haven't you showered yet?*
Lars: Nein, ich musste Herrn Dorf helfen, ein Trainingsgerät zu reparieren.	*No, I had to help Mr. Dorf repair a piece of exercise equipment.*
Martin: Beeil dich! Wir haben Andrea und Sabine versprochen pünktlich zum **Kaufhaus** zu kommen.	*Hurry up. We promised Andrea and Sabine to get to the department store on time.*
Lars: Ich brauche nur fünf Minuten um zu duschen und noch fünf, um mich anzuziehen.	*I only need five minutes to shower and another five to dress.*
Martin: Was wollen die Mädchen **kaufen**?	*What do the girls want to buy?*
Lars: Sabine sagt, sie braucht ein neues Kleid für die Party.	*Sabine says she needs a new dress for the party.*
Martin: Ich wette, dass Andrea auch eins braucht.	*I'll bet that Andrea needs one too.*
Lars: Hast du mein Hemd gesehen? Das Blaue?	*Have you seen my shirt? The blue one?*

| Martin: Mensch, es ist heute sehr heiß. **Zieh** dir ein T-Shirt **an**! | *Man, it's really hot today. Put on a T-shirt!* |
| Lars: Du hast Recht. Ich bin gleich wieder da. | *You're right. I'll be right back.* |

ÜBUNG

8·4

Based upon the dialogue **Im Turnstudio**, *supply a logical response to each statement or question.*

1. Warum hat Lars noch nicht geduscht?

_____

2. Wir haben versprochen pünktlich zum Kaufhaus zu kommen.

_____

3. Was wollen die Mädchen kaufen?

_____

4. Andrea sagt, sie braucht eine neue Jeans.

_____

5. Hat Martin das blaue Hemd gesehen?

_____

6. Mensch, es ist sehr heiß heute.

_____

Euro und Cent

Germany no longer uses the **Mark** or **Pfennig** for its currency. Like most other members of the European Union, Germans use the **Euro** and the **Cent**. Just as with dollars and cents, one hundred **Cent** make up one **Euro**. In place of the word **Euro**, you will often see the symbol €.

Prices are given in a variety of ways.

Wie viel kostet das?	*How much does that cost?*
Das Buch kostet zehn **Euro** und achtzig **Cent**.	*The book costs ten euros and eighty cents.*
Eine Flasche Wein kostet €12,75.	*A bottle of wine costs €12,75.*
Ein Glas Limonade kostet €3,50.	*A glass of soda/pop costs €3,50.*

Note that German uses a *decimal comma* to separate euros from cents and not a *decimal point*.

Rewrite each string of words, symbols and numbers as a sentence. For example:

das Buch / kosten / €13,50

Das Buch kostet dreizehn Euro und fünfzig Cent.

1. dieser Wagen / kosten / €15 900

_____

2. ein Stück Kuchen / kosten / €1,60

_____

3. diese Handschuhe / kosten / €22,85

_____

4. ihr neues Haus / kosten / €250 000,00

_____

5. die Fliege / kosten / €8,10

_____

6. mein Pelzmantel / kosten / €925,25

_____

7. diese DVDs / kosten / €33,75

_____

8. zwei Eintrittskarten / kosten / €45,00

_____

9. ein Liter Bier / kosten / €3,50

_____

10. diese Lederstiefeln / kosten / €125,00

_____

Meter, Liter, Gramm und Pfund

Europe uses the metric system for weights and measurements. The general terms for discussing weights and measurements are as follows:

breit / die Breite	*wide/width*
lang / die Länge	*long/length*
tief / die Tiefe	*deep/depth*
schwer / leicht / das Gewicht	*heavy/light/weight*

Measurements of length and distance use the word **Meter** (*about 39.37 inches*), often together with certain prefixes.

der **Meter**	*meter*
Ich brauche etwa drei **Meter** Stoff.	*I need about three meters of fabric.*
der Milli**meter**	*millimeter*
Der Nagel ist hundert Milli**meter** lang.	*The nail is a hundred millimeters long.*
der Zenti**meter**	*centimeter*
Sie kaufte eine vierzig Zenti**meter** lange Feder.	*She bought a forty-centimeter-long feather.*

Long distances require the use of **Kilometer** (*1,000 meters*).

der **Kilometer**	*kilometer*
Wie viele **Kilometer** sind es von Hamburg nach Bremen?	*How many kilometers is it from Hamburg to Bremen?*

Square meters are called **Quadratmeter**. This term is used much the same way that *square feet* is used to describe the size of a building or a room. But remember that a **Quadratmeter** is much larger than a *square foot*: **1 Meter** = 39.37 inches, *1 foot* = 12 inches.

der **Quadratmeter**	*square meter*
Das neue Haus hat 130 **Quadratmeter**.	*The new house has 130 square meters of space.*

Liquids are measured in **Liter** (*about 33.8 fluid ounces*).

der **Liter**	*liter*
Bestell einen **Liter** Bier!	*Order a liter of beer!*

A **Gramm** is a very small unit of weight: there are approximately 453.6 *grams* in a pound. **Kilogramm**, with the prefix **Kilo-**, means *1,000 grams*. And the German word **Pfund** (*pound*) is not the same as a pound as it is understood in North America. A **Pfund** (*500 grams*) is half of a **Kilogramm**.

das **Gramm**	*gram*
Geben Sie mir hundert **Gramm** Käse!	*Give me a hundred grams of cheese.*
das **Kilogramm** / das **Kilo**	*kilogram*
Er wiegt achtundachtzig **Kilogramm**.	*He weighs eighty-eight kilograms.*
Der Hund wiegt ungefähr zehn **Kilo**.	*The dog weighs approximately ten kilograms.*
das **Pfund**	*pound (500 grams)*
Ich habe acht **Pfund** Äpfel gekauft.	*I bought eight pounds of apples.*

ÜBUNG
8·6

Rewrite each string of words and numbers as a sentence.

1. das Esszimmer / 4 Meter / breit

_____

2. dieses Brett (*board*) / 10,5 Zentimeter / lang

_____

3. der Küchentisch (*kitchen table*) / 1 Meter / hoch

_____

4. ich / kaufen / 12 Pfund / Kartoffeln

_____

5. die Katze / wiegen / 8 Kilogramm

_____

6. der Teich (*pond*) / 1 Meter / tief

_____

7. der Fluss (*river*) / 4,5 Meter / tief

_____

8. der Bleistift (*pencil*) / 125 Millimeter / lang

_____

9. der See (*lake*) / 11 Meter / tief

_____

10. die neue Wohnung (*apartment*) / haben / 95 Quadratmeter

_____

ÜBUNG

8·7

Rewrite the dialogue **Im Einkaufszentrum**, *keeping all the original sentences but making the following changes:*

The father and mother are going to a department store.

Change the son to a daughter and the daughter to a son with new names.

Change all clothing and shoes to other apparel.

Change all colors to new colors.

Change the food to new food.

Change the time of day.

Change the salesman to a saleswoman.

Im <u>Kaufhaus</u>

Mutter: _____

Vater: _____

Mutter: _____

Vater: _____

Mutter: _____

Vater: _____

Mutter: _____

Vater: _____

Mutter: _____

Vater: _____

Travel

Conversation: **Die Ferienreise** (The vacation trip)

A couple is discussing plans for a future vacation trip.

Andrea: Ich möchte so gerne nach Paris fahren. Da gibt's die besten Modehäuser.

I'd like so much to go to Paris. The best fashion houses are there.

Jörg: Wir haben vor zwei Jahren eine ganze Woche in Frankreich **verbracht**. Ich möchte lieber etwas anderes tun.

We spent a whole week in France two years ago. I'd rather do something else.

Andrea: Ja, ich weiß. Du willst fischen oder wandern gehen. Eine Großstadt ist viel interessanter.

Yes, I know. You want to go fishing or hiking. A big city is much more interesting.

Jörg: Wie wäre es mit Berlin oder München? Und sie sind gar nicht so weit von hier.

How about Berlin or Munich? And they're not so far from here.

Andrea: Nein, eine **Auslandsreise** ist ein kulturelles Erlebnis und sehr lehrreich.

No, a foreign trip is a cultural experience and very educational.

Jörg: Haben wir genug gespart, um eine **Amerikareise** zu machen?

Have we saved enough to take a trip to America?

Andrea: O, Jörg, welch eine herrliche Idee! In New York gibt es auch ausgezeichnete Modehäuser.

Oh, Jörg, what a great idea! There are excellent fashion houses in New York, too.

Jörg: Und Hockeyspiele in Boston, und Korbballspiele in Chicago.

And hockey games in Boston, and basketball games in Chicago.

Andrea: Aber nein. Die USA ist zu **weit entfernt**. Wir müssen in Europa bleiben.

But no. The U.S.A. is too far away. We have to stay in Europe.

Jörg: Vielleicht nicht. Nordafrika ist nur jenseits des Mittelmeers.

Maybe not. North Africa is just on the other side of the Mediterranean.

Based upon the dialogue **Die Ferienreise**, *supply a logical response to each statement or question.*

1. Wo gibt es die besten Modehäuser?

_____

2. Wir haben vor zwei Jahren eine ganze Woche in Frankreich verbracht.

_____

3. Eine Großstadt ist viel interessanter als wandern gehen.

_____

4. Warum müssen sie in Europa bleiben?

_____

5. Eine Auslandsreise ist ein kulturelles Erlebnis und sehr lehrreich.

_____

6. Das ist zu weit. Wir müssen in Europa bleiben.

_____

Comparatives and superlatives

Comparatives and superlatives are high-frequency items. Let's do a quick review of them here. They are used not only as predicate adjectives or adverbs but also as declined adjectives. First let's look at them as predicate adjectives and adverbs.

PREDICATE ADJECTIVES

Positive	Dieses Haus ist klein.	*This house is small.*
Comparative	Dieses Haus ist kleiner.	*This house is smaller.*
Superlative	Dieses Haus ist am kleinsten.	*This house is the smallest.*

ADVERBS

Positive	Sie läuft schnell.	*She runs fast.*
Comparative	Sie läuft schneller.	*She runs faster.*
Superlative	Sie läuft am schnellsten.	*She runs the fastest.*

When comparatives and superlatives are declined in the various cases, they are formed in the same way as illustrated above. But the adjective endings need to conform to the gender, number, and case of the nouns they modify.

Positive	Er liest den guten Roman.	*He reads the good novel.*
Comparative	Er liest den besseren Roman.	*He reads the better novel.*
Superlative	Er liest den besten Roman.	*He reads the best novel.*

Positive	Das kleine Kind weint.	*The little child cries.*
Comparative	Das kleinere Kind weint.	*The littler child cries.*
Superlative	Das kleinste Kind weint.	*The littlest child cries.*

Besides **gut, besser, am besten**, a few other adjectives have an irregular comparative and superlative: **bald, eher, am ehesten; groß, größer, am größten; nah, näher, am nächsten; hoch, höher, am höchsten; viel, mehr, am meisten.**

ÜBUNG
9·2

Provide the missing adjectival forms of each sentence—positive, comparative, and/or superlative.

1. Positive: Die guten Modehäuser sind in Paris.

   Comparative: _____

   Superlative: _____

2. Positive: _____

   Comparative: Ich möchte lieber nach Amerika reisen.

   Superlative: _____

3. Positive: _____

   Comparative: _____

   Superlative: Ist das Mittelmeer die größte See?

4. Positive: Es war lehrreich.

   Comparative: _____

   Superlative: _____

5. Positive: _____

   Comparative: Es ist weiter zwischen Berlin und München.

   Superlative: _____

6. Positive: _____

   Comparative: _____

   Superlative: Ist Boston am interessantesten?

7. Positive: Wir haben viel gespart.

   Comparative: _____

   Superlative: _____

8. Positive: _____

   Comparative: Sie besucht das neuere Modehaus.

   Superlative: _____

9. Positive: _____

   Comparative: _____

   Superlative: Die größten Gebäude (*buildings*) sind in dieser Straße.

10. Positive: Das Wetter im Frühling ist herrlich.

    Comparative: _____

    Superlative: _____

Verbs for travel

There are several verbs that are used to describe modes of travel and are extremely useful to tourists or business travelers. Let's look at some of them.

ins Ausland reisen	*to travel abroad*
mit dem Bus / dem Zug / dem Auto fahren	*to travel by bus/train/car*
mit Lufthansa fliegen	*to fly on Lufthansa*

But not all travel is for touring or business. Some short trips are just for pleasure or exercise. For example:

Wir wollen in den Bergen wandern.	*We want to hike in the mountains.*
Gehst du oft Rad fahren?	*Do you often go cycling?*
Heute werden sie einen Ausflug machen.	*Today they're going on an outing.*

Sometimes people just leave the house for a while for a leisurely stroll.

Meine Eltern gingen bummeln.	*My parents went for a stroll.*
Gehen wir ein Stück spazieren!	*Let's go for a little walk!*
Es ist nicht weit. Gehen wir zu Fuß!	*It's not far. Let's walk!*

ÜBUNG
9·3

In the blank provided, supply a phrase or sentence that fits logically into each three-line dialogue. For example:

Thomas: Geht es dir gut?

Erik: *Nein, es geht mir schlecht.*

Thomas: Bist du wieder krank?

1. Ich will nicht zu Fuß gehen. Es ist zu weit.

   _____

   Ich fahre lieber mit dem Zug.

2. Willst du spazieren gehen?

   Wo? Im Stadtpark?

   _____

3. Mein Mann möchte in die Schweiz reisen.

   _____

   Nein, er will in den Bergen wandern.

4. Wie lange haben wir hier an der Haltestelle gewartet?

   _____

   Endlich! Da kommt der Bus.

5. Welch ein schöner Tag! Gehen wir heute Rad fahren!

   _____

   Kein Problem. In der Garage habe ich zwei Fahrräder.

6. Fährst du mit dem Zug nach München?

   _____

   Wirklich? Wie viel kostet ein Flugticket (*airline ticket*) nach München?

7. Machen wir heute einen Ausflug an die See (*sea*)!

   Gute Idee! Wir können am Strand spazieren.

   _____

8. Macht ihr dieses Jahr eine Auslandsreise?

   _____

   Wie schön! Ihr werdet sicherlich Rom und Venedig (*Venice*) besuchen.

9. Ich habe gestern ein neues Fahrrad gekauft.

   Fahren Sie jeden Tag (*every day*) Rad?

   _____

10. Willst du heute wieder bummeln gehen?

   _____

   Gut. Wie ist es mit einem Museum oder Konzert?

Reisen

There are some obvious institutions and people you will encounter when traveling, and you will need certain documents and luggage. For example:

das Gepäck	*baggage, luggage*
Ich habe nur einen Koffer.	*I have only one suitcase.*

die Grenze	*border*
Wo ist Ihr Pass?	*Where is your passport?*
Wie viel kostet ein Visum?	*How much does a visa cost?*

The verb **reisen** (*to travel*) is related to the noun **die Reise** (*trip, journey*), which is frequently combined with other words used in the travel industry.

das **Reise**büro	*travel bureau*
der **Reise**begleiter / die **Reise**begleiterin	*traveling companion*
der **Reise**bus	*tour bus*
der **Reise**führer / die **Reise**führerin	*tour guide*
der **Reise**führer	*guidebook*

Although traveler's checks are still used by many people, the use of credit cards and the **Geldautomat** (*ATM*) is quickly making them less common. Consider the following sentences.

Ich habe mit einem **Reise**scheck bezahlt.	*I paid by traveler's check.*
Kann man mit einer Kreditkarte bezahlen?	*Can you pay by credit card?*
Der Geldautomat ist gleich um die Ecke.	*The ATM is right around the corner.*

People who go on tours or take vacations are known by a few different names. For example: **der Urlauber / die Urlauberin** (*vacationer*), **der Tourist / die Touristin** (*tourist*), or **der/die Reisende** (*traveler*). Some people travel individually, others in groups. Consider the following vocabulary for describing travel groups.

die **Reise**gruppe/**Reise**gesellschaft	*tour group*
Unsere **Reise**gruppe macht einen Ausflug nach Rothenburg.	*Our tour group is going on an outing to Rothenburg.*

When crossing a border, immigration control (passport checks, visa checks, and other document checks) is usually carried out before your baggage is inspected.

einwandern/immigrieren	*to immigrate*
der Einwanderer / die Einwanderin	*immigrant*
der Immigrant / die Immigrantin	*immigrant*
Jetzt müssen wir durch die **Pass**kontrolle gehen.	*Now we have to go through immigration.*
Er wird unsere **Pässe** kontrollieren.	*He will check our passports.*

At the border, there is usually a sign nearby with the word **Zoll** (*customs*), indicating the place where a customs officer checks baggage for goods that require the payment of duty. Consider the following:

das **Zoll**amt	*customs office*
der **Zoll**beamte / die **Zoll**beamtin	*customs officer*
die **Zoll**erklärung	*customs declaration*
die **Zoll**kontrolle	*customs check*
Haben Sie etwas zu ver**zoll**en?	*Do you have anything to pay duty on?*

Germans, like most Europeans, love to travel, and it is very convenient for them, since most countries in Europe are relatively small and located near one another. So **eine Tour** (*tour*) can be easily arranged. Here are a few additional travel phrases that can be useful.

die **Tour**istik	*travel industry*
der **Tour**ismus	*tourism*
die **Tour**istenklasse	*tourist class*
Wir reisen lieber erster Klasse.	*We prefer to travel first class.*

When flying, passengers are greeted and served by a **Flugbegleiter** (*flight attendant*).

Frag die **Flugbegleiterin**, um wie viel Uhr wir landen!	*Ask the flight attendant what time we land.*

There are three high-frequency verbs used for departing and arriving: **abfahren, abreisen** (*to depart*), and **ankommen** (*to arrive*). Notice that the verbs **fahren, reisen,** and **kommen** are already quite familiar to you. It is the prefixes (**an-** and **ab-**) that change their meaning.

Whether vacationing in the city or the country, there are tours and sightseeing to be arranged or just a relaxing time in a quiet spot. For example:

Wir planen eine Stadtrundfahrt.	*We plan a city tour.*
Sie wird eine Woche am See verbringen.	*She will spend a week at the lake.*
Willst du den alten Dom besichtigen?	*Do you want to visit the old cathedral?*

When someone has to travel a lot, there is more than one way to travel. Consider these sentences.

Er muss viel unterwegs sein.	*He has to do a lot of traveling.*
Wo kann er ein Auto mieten?	*Where can he rent a car?*
Er möchte einen Flug buchen.	*He'd like to book a flight.*
Morgen muss er heimkehren.	*Tomorrow he has to return home.*

And if you don't want to travel in any of the customary ways, you can try hitchhiking. There are two typical ways to say this: **per Anhalter fahren** or **trampen** (*to hitchhike*).

There are numerous places to stay when on the road, from a tiny bed-and-breakfast to a luxurious hotel. Whatever your preference is, a reservation is a good idea. But don't confuse the following German words: **Die Reservierung** is a reservation for accommodations. **Die Reservation** is land belonging to Native Americans.

Ich habe ein Hotelzimmer **reserviert**.	*I reserved a hotel room.*
Wollt ihr in einer Gaststätte übernachten?	*Do you want to spend the night at an inn?*
Zelten macht Spaß.	*Going camping (tent-camping) is fun.*

Write the word or phrase provided as it would appear in the blank in the line of dialogue. Make any necessary changes.

Im Winter ist _____ oft verreist.

1. mein Vater _____

2. die deutschen Touristen _____

3. die Reiseleiterin _____

4. ich _____

5. die Zollbeamten _____

Hast du dein _____ mitgebracht?

6. Pass _____

7. Gepäck _____

8. zwei Koffer _____

9. Reiseschecks _____

10. Reiseprospekt (*travel brochure*) _____

Ich gebe _____ meine Zollerklärung.

11. er _____

12. die Zollbeamtin _____

13. der Reiseführer _____

14. sie (*s.*) _____

15. der amerikanische Tourist _____

_____ (sein) schon durch die Passkontrolle gegangen.

16. ich _____

17. du _____

18. sie (*s.*) _____

19. wir _____

20. ihr _____

Der Einwanderer hat _____ zu verzollen.

21. etwas _____

22. nichts _____

23. viele Geschenke _____

24. vier Flaschen Wein _____

25. vielerlei (*all sorts of things*) _____

Conversation: **In der Großstadt (In the big city)**

A husband and wife discuss how they want to spend their day.

Angela: Es ist gut, dass wir eine **Reservierung** hatten. Das Hotel ist voll besetzt.

It's good that we had a reservation. The hotel is full.

Karl: Und teuer. Meiner Meinung nach **kostet** es zu viel für ein Doppelzimmer.

And expensive. In my opinion it costs too much for a double room.

Angela: Ziehen wir uns um, und dann gehen wir spazieren!

Let's change and then go out for a stroll!

Karl: Ich will das Theaterviertel und die Oper **besichtigen**.

I want to go see the theater district and the opera house.

Angela: Wir sollten auch eine Hafenrundfahrt machen.

We should take a harbor trip, too.

Karl: Vielleicht morgen. Heute abend haben wir **Karten** für „Die Fledermaus."

Maybe tomorrow. This evening we have tickets for Die Fledermaus.

Angela: Meine Lieblingsoper! Übermorgen will ich ein paar Andenken kaufen.

My favorite opera! The day after tomorrow I want to buy a couple of souvenirs.

Karl: Und ein Postamt finden. Wir brauchen viele Briefmarken für die Ansichtskarten.

And find a post office. We need a lot of stamps for the postcards.

Angela: Wo ist mein **Pass**? Habe ich ihn verloren?

Where's my passport? Did I lose it?

Karl: Mach dir keine Sorgen! Ich habe ihn in meiner Tasche.

Don't worry! I have it in my pocket.

ÜBUNG

9·5

Based upon the dialogue **In der Großstadt**, *supply a logical response to each statement or question.*

1. Warum ist es gut, dass sie eine Reservierung hatten?

_____

2. Ein Doppelzimmer kostet zu viel.

_____

3. Wir sollten das Kunstmuseum und die Oper besichtigen.

_____

4. Was will Angela übermorgen kaufen?

_____

5. Heute Abend haben wir Karten für „Schwanensee" (Swan Lake).

_____

6. Hat Angela ihren Pass verloren?

_____

Transportation

Not all travel and sightseeing is done on foot. There is a variety of forms of transportation to consider. When on the water, you'll use one of these forms of transportation:

der Dampfer	_steamship_
das Schiff	_ship_
das Boot	_boat_

The word **Rad** means _wheel_ and is combined with other words to describe vehicles that are smaller than an automobile: **das Fahrrad** (_bicycle_) and **das Motorrad** (_motorcycle_). Other types of motorized transportation include forms of public transportation that are formed with the word **die Bahn** (_way, path, course_). For example:

die Eisen**bahn**	_railroad_
die Straßen**bahn**	_streetcar_
die U-**Bahn**	_subway_
die S-**Bahn**	_local railway_

In the following sentences you will find words that describe various kinds of airplanes.

Dieses Flugzeug ist ein Düsenjäger.	_This airplane is a fighter jet._
Die Chartermaschine fliegt nach Amerika.	_The charter plane flies to America._
Ist das ein Jumbo-Jet?	_Is that a jumbo jet?_

The commonly used words for _automobile_ or _car_ are **das Auto** and **der Wagen**. Other motor vehicles sometimes get their names from the word **Wagen**. Consider how these words are used in sentences.

Der Last**wagen** fährt zu schnell.	_The large truck is driving too fast._
Frau Dorf hat einen neuen Kombi gekauft.	_Ms. Dorf bought a new station wagon._
Der rote Sport**wagen** sieht schick aus.	_The red sports car looks great._

When boarding or alighting from a vehicle, you need to use some special words. They are a combination of a prefix and the verb **steigen** (_climb_).

Wir müssen in der Hauptstraße aus**steigen**.	_We have to get off on Main Street._
Steigen Sie bitte schnell ein!	_Please get on board fast._
Wo soll ich um**steigen**?	_Where should I transfer?_

Whether traveling by bus or train, you need a **Fahrschein** (_ticket_). The kind of car you can ride in or the seat you have is determined by the class of your ticket: **erste Klasse** (_first class_) or **zweite Klasse** (_second class_).

Man muss einen **Fahrschein** lösen.	*You have to buy a ticket.*
Der Reisebus hält vor dem Museum.	*The tour bus stops in front of the museum.*
Ich brauche einen **Fahrschein** nach Bonn. Hin und zurück bitte.	*I need a ticket to Bonn. Round trip, please.*
Wir möchten erster **Klasse** reisen.	*We'd like to travel first class.*
Ist dieser Platz schon besetzt?	*Is this seat already taken?*

When in an airplane, your flight attendant will make a few simple requests of you or provide useful information. For example:

Schnallen Sie sich bitte an!	*Please fasten your seat belt!*
Wir landen in zehn Minuten.	*We'll land in ten minutes.*
Die Fluggäste müssen ein paar Minuten Schlange stehen.	*The passengers on the flight have to wait in line a couple of minutes.*

Note that the expression **Schlange stehen** (*to stand in line*) in German does not require the use of a preposition.

Wir stehen zehn Minuten Schlange.	*We stand in line for ten minutes.*
Muss man lange Schlange stehen?	*Do you have to stand in line for a long time?*

When departing and arriving by ship, there are two special expressions to be aware of: **auslaufen** (*to set sail*) and **anlegen** (*to put in [to shore]*). The use of these verbs is highly idiomatic.

Das riesige Schiff wird bei Flut **auslaufen**.	*The huge ship will sail with the tide.*
Der Dampfer **legt** im Hafen **an**.	*The steamship puts into harbor.*

ÜBUNG
9·6

Write the word or phrase provided as it would appear in the blank in the line of dialogue. Make any necessary changes.

Wir fahren mit _____.

1. ein alter Dampfer _____

2. ein riesiges Schiff _____

3. sein Motorrad _____

4. die nächste Straßenbahn _____

5. ein Taxi _____

Ist _____ schneller als ein Auto?

6. ein Bus _____

7. ein Zug _____

8. diese Lastwagen _____

9. ein Fahrrad _____

10. diese Pferde (*horses*) _____

Der Charterflug wird _____ landen.

11. in fünf Minuten _____

12. eine Stunde _____

13. ein paar Minuten _____

14. spät _____

15. drei Stunden _____

Sie reist immer _____ Klasse.

16. eins _____

17. zwei _____

18. drei _____

19. Touristen _____

Die Dampfer werden _____ auslaufen.

20. bei Flut

21. morgen früh (*early in the morning*) _____

22. um Mitternacht (*midnight*) _____

23. spät am Abend _____

_____ schnallten sich an.

24. der Flugbegleiter _____

25. du _____

ÜBUNG

9·7

Rewrite each line of dialogue with a word or phrase that can replace the underlined words. Make any necessary changes.

Andrea: Ich möchte so gerne <u>nach Paris</u> fahren. Da gibt's die besten <u>Modehäuser</u>.

_____

Jörg: Wir haben <u>vor zwei Jahren</u> eine ganze Woche in <u>Frankreich</u> verbracht. Ich möchte lieber etwas anderes tun.

_____

Andrea: Ja, ich weiß. Du willst <u>fischen</u> oder <u>wandern</u> gehen. <u>Eine Großstadt</u> ist viel interessanter.

_____

Jörg: Wie wäre es mit <u>Berlin oder München</u>? Und sie sind gar nicht so weit von hier.

_____

Andrea: Nein, eine <u>Auslandsreise</u> ist ein kulturelles Erlebnis und sehr lehrreich.

_____

Jörg: Haben wir genug gespart, um eine <u>Amerikareise</u> zu machen?

_____

Andrea: O, Jörg, welch eine herrliche Idee! In <u>New York</u> gibt es auch ausgezeichnete <u>Modehäuser</u>.

_____

Jörg: Und <u>Hockeyspiele</u> in Boston, und <u>Korbballspiele</u> in Chicago.

_____

Andrea: Aber nein. <u>Die USA</u> ist zu weit entfernt. Wir müssen <u>in Europa</u> bleiben.

_____

Jörg: Vielleicht nicht. <u>Nordafrika ist nur jenseits des Mittelmeers</u>.

_____

On the job

Conversation: **Auf der Arbeit (At work)**

Colleagues talk about the company they work for.

Angela: Wie lange bist du schon **bei** der Firma?

How long have you worked at the company?

Martin: Nur drei Jahre. Weißt du, dass Frau Körner schon seit fünfundzwanzig Jahren hier **arbeitet**? Sie war einmal Sekretärin.

Only three years. You know, Ms. Körner has worked here for twenty-five years. She used to be a secretary.

Angela: Wirklich? Und jetzt ist sie Managerin von der ganzen Finanzabteilung.

Really? And now she is the manager of the whole finance department.

Martin: Ihr Sohn ist Programmierer und **arbeitet** für Doktor Schmidt im **Labor**.

Her son is a programmer and works for Dr. Schmidt in the laboratory.

Angela: Ich möchte Programmiererin werden, aber ich habe keine Freizeit einen Computerkurs zu **belegen**.

I'd like to become a programmer, but I don't have any free time to take a computer class.

Martin: Ja, die Firma ist sehr beschäftigt. Ich habe letzten Monat mehr als zwanzig Überstunden gemacht.

Yes, the company is very busy. I put in more than twenty hours of overtime last month.

Angela: Ich auch. Aber ich beklage mich nicht. Es gibt viele **Arbeitslose**, die einen Job suchen.

Me, too. But I'm not complaining. There are a lot of unemployed people who are looking for a job.

Martin: Das stimmt. Die Wirtschaft ist vom Export abhängig, aber das Exportgeschäft ist noch träge.

That's true. The economy depends upon exports, but the export business is still sluggish.

Angela: Um in diesem **Betrieb** zu **arbeiten**, muss man Ausbildung und Büroerfahrung haben.

To work in this business you need training and office skills.

Martin: Und Glück.

And luck.

*Based upon the dialogue **Auf der Arbeit**, supply a logical response to each statement or question.*

1. Frau Körner war einmal Sekretärin.

   _____

2. Wo arbeitet Frau Körners Sohn?

   _____

3. Ich möchte auch Programmiererin werden.

   _____

4. Wer sucht einen Job?

   _____

5. Die Wirtschaft ist vom Export abhängig.

   _____

6. Um einen Job zu bekommen, muss man Ausbildung und Büroerfahrung haben.

   _____

Pronoun and preposition review

You are certainly familiar with German pronouns and prepositions, but let's quickly review the difference in how they function when they are referring to people and when they are referring to inanimate objects.

When using prepositions with pronouns, if the pronoun refers to something or someone animate, the pattern used with nouns (preposition + noun) is also used with the pronouns (preposition + pronoun). For example:

von ihm	*from him*
zu ihr	*to her, her house*
bei ihnen	*at their house*
mit wem	*with whom*

But if the pronoun refers to an inanimate object, a *prepositional adverb* is formed. A prepositional adverb is the combination of **da(r)** or **wo(r)** with a preposition. The letter **r** is added to the prepositional adverb when the preposition begins with a vowel. For example:

damit	*with it*
darin	*in it*
wovon	*from, of what*
woran	*at what*

Rewrite the prepositional phrases with the correct pronoun form. For example:

mit dem Mann *mit ihm*

mit dem Bus *damit*

1. von meiner Managerin _____

2. bei der Firma _____

3. im Betrieb _____

4. bei meinen Eltern _____

5. zu Arbeitslosen _____

Wir arbeiten (We work)

Let's look at some occupations and some useful phrases for talking about occupations. Most occupations have a masculine form and a feminine form. They will be shown like this: **der Verkäufer, die -in** *salesperson* (where **die -in** stands for **die Verkäuferin**). If the feminine form requires more changes in spelling than just adding a feminine ending, the entire word will be provided.

People work at all kinds of jobs. Some require professional training while others involve manual labor with little or no training. The following phrases include jobs that need little formal training.

der Angestellte, die Angestellte	*employee*
Mein Vater ist **Arbeiter** in einer Fabrik.	*My father is a laborer in a factory.*
Ist sie Gärtnerin?	*Is she a gardener?*
Nein, sie ist Bäuerin.	*No, she is a farmer.*
Erik **arbeitet** als Mechaniker.	*Erik works as a mechanic.*

Some occupations are governmental positions and require a certain amount of training. Other occupations, such as translator, photographer, and actor, call for skills and creativity that are acquired through education. For example:

der Beamte, die Beamtin	*government employee*
Mein Vetter will Briefträger werden.	*My cousin wants to become a mail carrier.*
Karin **arbeitete** als Dolmetscherin.	*Karin worked as a translator.*
Sind Sie Fotograf geworden?	*Did you become a photographer?*
Nein, ich bin Schauspieler.	*No, I'm an actor.*

Some workers in the business world have risen through the ranks to high positions without having had a lot of formal education. But to be a successful businessperson in Germany or elsewhere, higher education is usually essential.

der Kaufmann, die Kauffrau	*businessman, businesswoman*
Frau Dorf ist Geschäftsfrau bei diesem Betrieb.	*Ms. Dorf is a businesswoman in this business.*
Der Verkäufer **arbeitet** viele Überstunden.	*The salesman works a lot of overtime.*

Arbeitet ihre Mutter als Sekretärin?	*Does her mother work as a secretary?*
Nein, sie ist Architektin.	*No, she's an architect.*

Educators and academics in many fields have usually had a lot of education. Some of these occupations are:

der Erzieher, die -in	*nursery school teacher*
Der Lehrer ist ziemlich streng.	*The teacher is rather strict.*
Der Professor hat eine lange Rede gehalten.	*The professor gave a long speech.*
Arbeitet die Physikerin im Labor?	*Is the physicist working in the laboratory?*
Ist er wirklich Richter geworden?	*Did he really become a judge?*
Nein, er ist noch Rechtsanwalt.	*No, he's still a lawyer.*

The noun **der Beruf** means *occupation* and is used to inquire about someone's occupation or to respond with a description of onc's occupation.

Was sind Sie von **Beruf**?	*What's your occupation?*
Ich bin Arzt (Ärztin).	*I'm a physician.*
Was machen Sie **beruf**lich?	*What is your occupation?*
Ich **arbeite** als Ingenieur.	*I work as an engineer.*
Mein **Beruf** ist Pflegerin.	*My occupation is being a nurse.*

When talking about jobs, you often have to describe what someone does in his or her occupation. For example:

Ein Makler verkauft Häuser.	*A real estate agent sells houses.*
Die Taxifahrerin fährt viele Stunden pro Tag.	*The taxi driver drives many hours per day.*
Der Schaffner kontrolliert die Fahrkarten.	*The conductor checks the tickets.*

The verbs **sich bewerben** (*to apply for*) and **einstellen** (*to hire, employ*) are needed when trying to get a job and finally starting.

Er hat **sich** beim Café als Koch **beworben**.	*He applied at the cafe for a job as cook.*
Wir **stellen** zwei neue Tischler **ein**.	*We are hiring two new carpenters.*

ÜBUNG
10·3

In the blank provided, supply a phrase or sentence that fits logically into each three-line dialogue. For example:

Thomas: Geht es dir gut?

Erik: *Nein, es geht mir schlecht.*

Thomas: Bist du wieder krank?

1. Sie arbeitet schon seit zwanzig Jahren hier.

_____

Nein, sie war einmal Sekretärin.

2. Was machen Sie beruflich, Frau Körner?

   _____

   Arbeitet Ihr Mann auch im Krankenhaus?

3. Wie lange arbeiten Sie schon als Makler?

   Mehr als zehn Jahre.

   _____

4. Ist dein Sohn Lehrer?

   Nein, er ist Professor für Chemie.

   _____

5. Arbeitet dein Bruder hier in der Stadt?

   Ja, er ist seit Juli Makler.

   _____

6. Martin bewarb sich bei der Firma als Programmierer.

   _____

   Ja, er hat vor einem Jahr einen Computerkurs belegt.

7. Wo haben Sie studiert?

   Ich habe Englisch, Französisch und Russisch an der Universität Hamburg studiert.

   _____

8. Die Firma baut jetzt drei neue Häuser.

   Ja, wir sind sehr beschäftigt und haben viel Arbeit.

   _____

9. _____

   Ich bin Bauingenieur.

   Mein Bruder will auch Bauingenieur werden.

10. Ich habe mich beim Café als Kellner (*waiter*) beworben.

   _____

   Ja, ich war zwei Jahre bei einem Restaurant in Bremen.

Arbeit

There are many practical words and expressions that are derived from the noun **die Arbeit**—*work*. Besides being used in the verb (**arbeiten**), it also acts as a prefix to form other nouns, adjectives, and adverbs. For example:

die **Arbeit**ergewerkschaft	*labor union*
der **Arbeit**ergeber, die -in	*employer*

der **Arbeit**nehmer, die -in	*employee*
ein paar Tage **arbeit**sfrei	*a few days off*
die **Arbeit**slosigkeit	*unemployment*
arbeitsfähig	*fit for work*

There are also some special and often idiomatic expressions that are useful when talking about work.

Was **arbeit**est du?	*What do you do for a living?*
Sie hat sich die Hände wund ge**arbeit**et.	*She worked her fingers to the bone.*
Er hatte ein **arbeit**sames Leben.	*He had a life of hard work.*
Es gehört nicht in unseren **Arbeit**sbereich.	*It is not part of our job.*
Roboter ersetzen die menschliche **Arbeit**skraft.	*Robots are replacing human labor.*
Dieser Bergmann **arbeit**et für zwei.	*This miner does the work of two.*

And **Arbeit** is used in some ordinary, everyday language. For example:

Ich gehe um sieben auf die **Arbeit**.	*I go to work at seven.*
Erst die **Arbeit**, dann das Vergnügen.	*Business before pleasure.*
Er benutzt eine Skizze als **Arbeit**svorlage.	*He uses a sketch as a model.*

To say that you work *for, in,* or *at* an institution or business, use the preposition **bei**. If you work *for* a specific person in an institution or business, use the preposition **für**.

Ich **arbeit**e **bei** einer Bank.	*I work in a bank.*
Arbeiten Sie **bei** der Regierung?	*Do you work for the government?*
Er hat **bei**m Film ge**arbeit**et.	*He worked in the movies.*
Andrea will **bei**m Blumenhändler **arbeit**en.	*Andrea wants to work in a florist shop.*
Meine Frau **arbeit**ete **für** einen Zahnarzt.	*My wife worked for a dentist.*

There are two words that are commonly used to describe the people you work with: **der Mitarbeiter / die -in** (*co-worker*) and **der Kollege / die Kollegin** (*colleague*). But others in the **Unternehmen** (*business, enterprise*) with whom you may not be in daily contact are **das Personal** (*personnel, staff*). And still others, with whom you may only have a business relationship, are **der Händler** (*dealer*) and **der Vertreter** (*representative*).

Certain kinds of statements come up when co-workers discuss the business of the day. For example:

| Die Ware muss bis Ende der Woche geliefert werden. | *The goods have to be delivered by the end of the week.* |
| Brauchen wir wirklich mehr Werbung? | *Do we really need more advertising?* |

And when someone is applying for a job, you might hear these words uttered.

| Ich möchte mich um den Job bewerben. | *I'd like to apply for the job.* |
| Haben Sie eine Fotokopie Ihres Lebenslaufs? | *Do you have a copy of your résumé?* |

And when things go badly for a company and its workers, the conversations could be filled with statements like these.

Sie wird am neunten Mai kündigen.	*She is going to quit on the ninth of May.*
Viele Arbeiter streiken für ein besseres Gehalt.	*Many workers are striking for a better salary.*
Herr Keller ist gestern entlassen worden.	*Mr. Keller was fired yesterday.*
Sie haben die ganze Abteilung gefeuert.	*They fired the whole department.*
Ich habe nichts dagegen zu meinem Arbeitsplatz zu pendeln.	*I have nothing against commuting to work.*
Kann man früh in Rente gehen?	*Can you retire early?*

It is not unusual for colleagues to discuss money and salaries. The following sentences represent what you might hear them say.

Wie viel verdienst du im Jahr?	*How much do you earn per year?*
Unser Einkommen reicht nicht aus.	*Our income is not enough for us.*
Sind die Abzüge höher dieses Jahr?	*Are the deductions higher this year?*
Meine Bezahlung ist ziemlich gut.	*My pay is rather good.*
Ich brauche eine Lohnerhöhung.	*I need a raise.*

Some of the example sentences in this chapter appear in the passive voice, which was reviewed in Chapter 7. Remember that no matter what tense the passive voice sentence is in, it can have a prepositional phrase introduced by **von** telling who is carrying out the action.

For example:

Er **wird vom** Chef **entlassen.**	*He is being fired by the boss.*
Er **wurde vom** Manager **entlassen.**	*He was fired by the manager.*
Er ist **von** der Kanzlerin **entlassen worden.**	*He has been fired by the chancellor.*
Er wird **vom** Richter **entlassen werden.**	*He will be fired by the judge.*

ÜBUNG
10·4

Write the word or phrase provided as it would appear in the blank in each line of dialogue. Make any necessary changes.

Meine Tochter arbeitet für _____.

1. ein Rechtsanwalt _____

2. ihr Großvater _____

3. ein junger Diplomat _____

4. eine berühmte (*famous*) Sängerin _____

5. diese Geschäftsleute _____

Möchtest du bei _____ arbeiten?

6. die Bank _____

7. der neue Betrieb _____

8. ein Altersheim _____

9. ein Computergeschäft _____

10. die Finanzabteilung _____

_____ befinden sich (*are located*) in der Dorfstraße.

11. es _____

12. unser Betrieb _____

13. zwei neue Blumenhändler _____

14. viele Geschäfte _____

15. ihr Labor _____

Wir haben drei neue _____ eingestellt.

16. Tischler _____

17. Gärtnerin _____

18. Pfleger _____

19. Bergmann _____

20. Programmierer _____

_____ (sein) damit zufrieden.

21. ich _____

22. du _____

23. der Makler _____

24. die Zahnärzte _____

25. ihr _____

Kann die Dolmetscherin _____ übersetzen?

26. dieser Text _____

27. diese Briefe _____

28. ein paar Zeilen (*lines*) _____

29. das Gedicht (*poem*) _____

30. dieser Artikel _____

Jemand (*someone*) wird _____ kontrollieren.

31. mein Pass _____

32. Ihr Visum (*visa*) _____

33. unsere Flugtickets (*airline tickets*) _____

34. die Fahrkarte _____

35. sein Personalausweis (*ID*) _____

Sie war Krankenschwester in _____.

36. dieser Altersheim _____

37. ein großes Krankenhaus _____

38. eine Klinik (*clinic*) _____

39. die Bundeswehr (*German army*) _____

40. dieses Waisenhaus (*orphanage*) _____

Sie haben _____ arbeitsfrei.

41. drei Tage _____

42. eine ganze Woche _____

43. nächster Monat _____

44. vier Stunden _____

45. der ganze Tag _____

Welcher _____ benutzen die Arbeiter?

46. Werkzeug (*tool*) _____

47. Schraubenzieher (*screwdriver*) _____

48. Zange (*pliers*) _____

49. Bohrmaschinen (*drills*) _____

50. Säge (*saw*) _____

Conversation: Der Arbeitslose (The unemployed man)

A husband is complaining to his wife about how hard it is to find a job.

Thomas: Ich lese jeden Tag die Stellenangebote und finde nichts.

I read the ads every day and find nothing.

Andrea: Die wirtschaftlichen Bedingungen sind für alle sehr schwierig.

The economic conditions are very difficult for everyone.

Thomas: Vor zehn Monaten war ich bei einer Computerfirma tätig. Und plötzlich wurde ich entlassen.

Ten months ago I worked at a computer company. And suddenly I was let go.

Andrea: Du warst nicht der Einzige. Rolf war zwanzig Jahre bei der Firma und wurde gefeuert.	*You weren't the only one. Rolf was with the company for twenty years and was fired.*
Thomas: Es ist sehr unangenehm arbeitslos zu sein. Vielleicht bin ich zu alt.	*It's very unpleasant to be out of work. Maybe I'm too old.*
Andrea: Du bist nur vierzig. Du solltest deinen Lebenslauf an jede Computerfirma schicken.	*You're only forty. You should send your résumé to every computer company.*
Thomas: Ja, umsonst. Wie all die Anderen, die ich geschickt habe.	*Yes, in vain. Like all the others that I've sent.*
Andrea: Leider stellen die großen Firmen im Moment niemanden ein.	*Unfortunately, the big companies aren't hiring anyone at the moment.*
Thomas: Ich hätte in eine Gewerkschaft eintreten sollen.	*I should have joined a union.*
Andrea: Glücklicherweise verdiene ich genug, dass wir in dieser Lage auskommen können.	*Fortunately, I earn enough to get by in this situation.*

ÜBUNG
10·5

Based upon the dialogue **Der Arbeitslose,** *supply a logical response to each statement or question.*

1. Was findet Thomas nicht?

_____

2. Vor zehn Monaten war ich bei einer Computerfirma tätig.

_____

3. Ich verstehe nicht, warum ich entlassen wurde.

_____

4. Wer wurde auch gefeuert?

_____

5. Vielleicht bin ich zu alt.

_____

6. Hast du deinen Lebenslauf an jede Computerfirma geschickt?

_____

7. Ich hätte in eine Gewerkschaft eintreten sollen.

_____

Rewrite each line of dialogue with a word or phrase that can replace the underlined words. Make any necessary changes.

Angela: Wie lange bist du schon bei der Firma?

Martin: <u>Nur drei Jahre</u>. Weißt du, dass Frau Körner schon <u>seit fünfundzwanzig Jahren</u> hier arbeitet? Sie war einmal <u>Sekretärin</u>.

_____

Angela: Wirklich? Und jetzt ist sie <u>die Managerin</u> von <u>der ganzen Finanzabteilung</u>.

_____

Martin: Ihr Sohn ist <u>Programmierer</u> und arbeitet für <u>Doktor Schmidt im Labor</u>.

_____

Angela: Ich möchte <u>Programmiererin</u> werden, aber ich habe keine Freizeit <u>einen Computerkurs</u> zu belegen.

_____

Martin: Ja, die Firma ist sehr beschäftigt. Ich habe <u>letzten Monat mehr als zwanzig</u> Überstunden gemacht.

_____

Angela: Ich auch. Aber ich beklage mich nicht. Es gibt viele Arbeitslose, die einen Job suchen.

Martin: Das stimmt. Die Wirtschaft ist vom <u>Export</u> abhängig, aber das <u>Exportgeschäft</u> ist noch träge.

_____

Angela: Um in diesem Betrieb zu arbeiten, muss man Ausbildung und <u>Büroerfahrung</u> haben.

_____

Martin: Und <u>Glück</u>.

_____

Sports and hobbies

Conversation: **Spielen wir Karten!** (Let's play cards!)

A sister and brother are discussing the kinds of activities they enjoy.

Gudrun: Heute abend im Fernsehen gibt's *Deutschland sucht den Superstar*. Das ist meine Lieblingssendung.

This evening "Germany Is Looking for a Superstar" is on. That's my favorite program.

Felix: Ich suche lieber den Derbystar. Für mich ist nichts spannender als ein **Fußballspiel**.

I'd rather look for the soccer derby star. For me there's nothing more exciting than a soccer game.

Gudrun: Ja, du bist großer Fußballfan. **Aber** du solltest deinen Horizont erweitern. **Es gibt** auch Kunst und Musik und ...

Yes, you're a big soccer fan. But you should broaden your horizons. There's also art and music and ...

Felix: Danke für den Rat, **aber** ich weiß was mir gefällt. Vielleicht solltest du **sportlicher** werden.

Thanks for the advice, but I know what I like. Maybe you should become more athletic.

Gudrun: Ich **spiele** Tennis und manchmal Golf.

I play tennis and sometimes golf.

Felix: Golf ist als Elitesport angesehen **und** ist ein Zeitvertreib für die Reichen.

Golf is considered an elite sport and is a pastime for rich people.

Gudrun: Kann sein. Du, hast du Lust Rommé zu spielen? Ich habe zwei Stunden, ehe ich zum Briefmarkensammlerklub gehe.

It could be. Hey, do you feel like playing rummy? I have two hours before I go to the stamp collectors' club.

Felix: Briefmarken. Wie langweilig. Man sollte Bierdosen oder römische Münzen **sammeln**.

Stamps. How boring. A person should collect beer cans or Roman coins.

Gudrun: Willst du Karten **spielen** oder nicht?

Do you want to play cards or not?

Felix: Ja, sicher. Ich werde die Karten mischen.

Yes, of course. I'll shuffle the cards.

Based upon the dialogue **Spielen wir Karten!** *supply a logical response to each statement or question.*

1. Gefällt Gudrun *Deutschland sucht den Superstar?*

   _____

2. Für mich ist nichts spannender als ein Fußballspiel.

   _____

3. Vielleicht solltest du sportlicher werden.

   _____

4. Golf ist ein Zeitvertreib für die Reichen.

   _____

5. Was, glaubt Felix, sollte man sammeln?

   _____

6. Ich möchte Karten spielen.

   _____

Sport

Germans are highly interested in sports and spend a lot of time listening to games and matches on the radio or watching them on television. Let's look at some vocabulary significant to the world of sports and games.

The word **der Sport** (*sports; physical education*) looks very much like the English word *sport(s)* and, like the English word, it is often used in combination with other words to form a variety of meanings. For example:

die **Sport**art	*kind of sport*
die **Sport**arten	*sports*
eine große **Sport**anlage	*a large sports complex*
Die Spieler sind auf dem **Sport**feld.	*The players are on the athletic field.*
Mein Sohn ist großer **Sport**freund.	*My son is a big sports fan.*

Whether an individual plays sports in a private club or just enjoys watching games in a large stadium, being physically active is a German custom. At a game or in a club, you will likely hear sentences like these.

Ich gehöre einem **Sport**verein/**Sport**klub an.	*I belong to a sports club.*
Was für **Sport**arten spielt man im Stadion?	*What kind of sports are played in the stadium?*
Man sollte **sport**lich aktiv sein.	*People should actively participate in sports.*

The word **Sport** is used in a useful little idiom.

Ich mache einen Sport **daraus.** *I get a kick out of it.*

The noun **das Spiel** (*game*) comes from the verb **spielen** (*to play*). As is so often the custom in German, a noun is often combined with another word to form a new meaning. For example:

der **Spiel**er, die -in	*player, gambler*
das **Spiel**feld	*playing field*
die **Spiel**karten	*playing cards*
das **Spiel**kasino	*gambling casino*
der **Spiel**platz	*playground*

The verb **spielen** can be paired with any number of games or playful activities. For example:

Hast du Lust ein Brett**spiel** zu **spielen**?	*Do you feel like playing a board game?*
Meine Eltern **spielen** oft Skat.	*My parents often play skat (a card game).*
Sie **spielte** Solitaire online.	*She played solitaire online.*
Spielt ihr wieder Mau-Mau?	*Are you playing Mau Mau (a card game) again?*

The German verb **spielen** has different counterparts in English depending on the sport or the activity being talked about. For example:

Er **spielt** den Ball vors Tor.	*He drives the ball toward the goal.*
Sie **spielt** den Ball mit dem Kopf.	*She heads the ball.*

Take note of how **Spiel** is used in the following idiomatic expressions.

Der Mann ist vom **Spiel**teufel besessen.	*The man was bitten by the gambling bug.*
Warum musst du **Spiel**verderber sein?	*Why do you have to be a spoilsport?*

Because German and English are closely related languages, there is often little difficulty understanding sports terms. In many cases, they are identical in both languages. For example:

Es gibt eine **Sport**halle und ein Schwimmbad.	*There are a gym and a swimming pool.*
Handball, Volleyball und Basketball sind populär.	*Handball, volleyball, and basketball are popular.*
Man kann hier private Clubs finden.	*You can find private clubs here.*

Note: It is equally common to spell *club* in German with either a **C** or a **K**—**Club** or **Klub**.

In the blank provided, supply a phrase or sentence that fits logically into each three-line dialogue. For example:

Thomas: Geht es dir gut?

Erik: *Nein, es geht mir schlecht.*

Thomas: Bist du wieder krank?

1. Wo sind die Spieler?

   _____

   Ich sehe sie. Bald beginnt das Spiel.

2. Meine Kinder sind große Sportfreunde.

   _____

   Was für ein Instrument spielt er?

3. Hast du Lust ein Brettspiel zu spielen?

   _____

   Gute Idee. Skat oder Mau-Mau?

4. Ich gehöre dem neuen Sportverein an.

   Ich wusste nicht, dass du sportlich aktiv bist.

   _____

5. Was macht dein Mann am Abend?

   Er geht oft ins Spielkasino.

   _____

6. Gehst du morgen in die Sporthalle?

   _____

   Kannst du gut schwimmen?

7. Dort ist die neue Sportanlage.

   _____

   Fußball, Basketball, Handball. Allerlei Sportarten.

8. Gehörst du jetzt dem Briefmarkensammlerclub an?

   _____

   Ich sammle lieber ausländische (*foreign*) Münzen.

9. Willst du Karten oder ein Brettspiel spielen?

   _____

   Ach, das ist ein Zeitvertreib für die Reichen.

10. Ich spiele jeden Abend Solitaire.

Solitaire ist ein langweiliges (*boring*) Spiel.

_____

Verbs for sports

Let's look at some German verbs for sports that are taken directly from English.

boxen	*to box*
joggen	*to jog*
snowboarden	*to go snowboarding*
surfen	*to surf*

Verbs such as these, as well as other German verbs, are commonly paired with **gehen** (*to go*) to describe what sport someone is going to play. For example: **Ich gehe joggen.** *I'm going jogging.* Let's look at some other examples.

Willst du heute bergsteigen **gehen**?	*Do you want to go mountain climbing today?*
Wir **gehen** auch klettern.	*We're going climbing, too.*

Of course, the verb **gehen** can occur in any tense. For example:

Ich bin schon laufen **gegangen**.	*I already went running.*
Sie **gingen** Rad fahren.	*They went cycling.*
Wird er mit uns tauchen **gehen**?	*Will he go diving with us?*
Andrea ist nicht trainieren **gegangen**.	*Andrea hasn't gone to work out.*

In any kind of ball game, the verbs **werfen** (*to throw*) and **fangen** (*to catch*) are obvious necessities.

Wer hat den Ball **geworfen**?	*Who threw the ball?*
Martin **fängt** den Ball.	*Martin catches the ball.*

If you throw an object *to* a person, add the prefix **zu-**:

Ich werfe <u>ihm</u> den Ball zu.	*I throw the ball to him.*

And **fangen** can be used to talk about catching a person or animal, not just a ball:

Die Polizei hat den Dieb gefangen.	*The police caught the thief.*

There are a couple of set expressions for describing what kind of activity someone enjoys. Three frequently used ones are: **Spaß machen** (*to be fun*), **treiben** (*to play, to be involved in*), and **sich interessieren** (*to be interested*). Let's look at some sample sentences.

Rollschuhlaufen **macht Spaß**.	*Roller-skating is fun.*
Macht Turnen auch **Spaß**?	*Is gymnastics also fun?*
Welche Sportart **treibst** du?	*What kind of sport do you play?*

Ich **interessiere mich** fürs Ringen.	*I am interested in wrestling.*
Sie **interessiert sich** fürs Skilaufen.	*She is interested in skiing.*
Wer **interessiert sich** für Federball?	*Who is interested in badminton?*

A little more formal-sounding but still frequently used are the expressions **ausüben** (*to practice, follow*) and **sich anbieten** (*to offer*). For example:

| Segeln und Angeln werden auch **ausgeübt**. | *Sailing and fishing are also practiced.* |
| Fürs Klettern **bietet sich** das Harzgebirge **an**. | *The Harz Mountains are a good place to go climbing.* |

Use the verbs **trainieren** (*to train*) and **fit halten** (*to keep fit*) to describe someone's workout and fitness.

| Wie kann man die Muskeln **trainieren**? | *How can you work out your muscles?* |
| Die Leichtathletik **hält fit**. | *Track and field events keep you fit.* |

In games and matches, someone has to win and someone has to lose. Use **gewinnen** (*to win*) and **verlieren** (*to lose*) when making such statements.

| Unsere Mannschaft hat **gewonnen**. | *Our team won.* |
| Ihre Gegner haben **verloren**. | *Their opponents lost.* |

ÜBUNG

11·3

Write the word or phrase provided as it would appear in the blank in each line of dialogue. Make any necessary changes.

Erik interessiert sich für _____.

1. Rollschuhlaufen _____

2. Basteln (*doing crafts, tinkering*) _____

3. Stricken und Nähen (*knitting and sewing*) _____

4. Bergsteigen _____

5. Hockey und Reiten (*horseback riding*) _____

_____ interessieren sich für Tischtennis (*table tennis*).

6. ich _____

7. du _____

8. sie (*s.*) _____

9. ihr _____

10. Sie _____

Der junge Sportler hat _____ gewonnen.

11. der Pokal (*trophy*) _____

12. zwanzig Euro _____

13. der Mann als Freund _____

14. ein Preis (*prize*) _____

15. ein Stipendium (*scholarship*) _____

Unsere Mannschaft hat _____ verloren.

16. das Spiel _____

17. die Meisterschaft (*championship*) _____

18. der Wettkampf (*competition*) _____

19. der Europapokal (*European Cup*) _____

20. das letzte Match (*match*) _____

Habt ihr Lust _____ zu gehen?

21. joggen _____

22. Schlittschuh laufen (*ice skating*) _____

23. Rad fahren _____

24. wandern _____

25. bergsteigen _____

Word order

German has rather precise rules regarding word order. Even in casual conversation, Germans adhere to these rules. Let's review the rules of word order.

1. In declarative sentences, the subject precedes the verb.

> **Er wohnt** in Berlin.   *He lives in Berlin.*

2. If something other than the subject begins the sentence, the verb precedes the subject.

> Seit Mai **wohnt er** in Berlin.   *He has lived in Berlin since May.*

3. The verb precedes the subject in questions. This occurs even in questions that begin with an interrogative word.

> **Wohnt er** in Berlin?   *Does he live in Berlin?*
> Warum **wohnt er** in Berlin?   *Why does he live in Berlin?*

4. In a clause that begins with the conjunction **aber**, **und**, **oder**, **denn**, or **sondern**, the subject precedes the verb.

> Er ist krank, **aber er geht** an die Arbeit.   *He's sick, but he goes to work.*
> Sie bleibt zu Hause, **denn sie ist** krank.   *She stays home because she is sick.*

5. In a clause that begins with **dass, ob, als ob,** or **weil** or an interrogative word (**wo, wann, wie,** and so on), the conjugated verb is the last element in the clause.

Er sagt, **dass** er es **versteht.**	*He says that he understands it.*
Ich weiß, **wo** Frau Keller **wohnt.**	*I know where Ms. Keller lives.*

If the conjunction **dass** is used in indirect discourse in the past tense, a subjunctive conjugation is required. In written language, the present subjunctive or subjunctive I is used. In conversation, it is more common to use the past subjunctive or subjunctive II. For example:

Written language

Er sagte, dass seine Freundin aus Amerika **komme.**	*He said that his girlfriend comes from America.*
Sie fragte, ob Herr Meyer noch im Krankenhaus **sei.**	*She asked whether Mr. Meyer was still in the hospital.*

Spoken language

Er sagte, dass seine Freundin aus Amerika **käme.**	*He said that his girlfriend comes from America.*
Sie fragte, ob Herr Meyer noch im Krankenhaus **wäre.**	*She asked whether Mr. Meyer was still in the hospital.*

ÜBUNG
11·4

Complete each sentence with the phrase provided. Apply the rules of word order correctly and make any changes necessary.

Heute _____.

1. Ich werde kegeln (*bowling*) gehen. _____

2. Anna hat eine Medaille (*medal*) gewonnen. _____

3. Er konnte den Ball nicht fangen. _____

4. Diese Sportart ist sehr populär. _____

5. Karl soll gegen Andreas ringen. _____

Wo _____?

6. Ihr spielt Fußball. _____

7. Man kann hier Schlittschuh laufen. _____

8. Die Männer heben Gewichte (*lift weights*). _____

9. Du hast diese Briefmarken gefunden. _____

10. Es gibt ein neues Kasino. _____

Thomas sagt, dass _____.

11. Seine Schwester ist Sportlerin. _____

12. Er trainiert die Muskeln jeden Tag. _____

13. Sein Onkel ist großer Sportfreund. _____

14. Wandern und Klettern halten fit. _____

15. Die Kinder spielen Federball im Sommer. _____

Die Mädchen sind _____ gerudert.

16. über den Fluss _____

17. über den Teich (*pond*) _____

18. über den See _____

19. am schnellsten _____

20. mit dem Schiedsrichter (*referee*) _____

Er gewann nicht, denn _____.

21. Er hat nicht trainiert. _____

22. Sein Gegner war viel stärker (*stronger*). _____

23. Golf gefällt ihm nicht. _____

24. Die Hanteln waren zu schwer. _____

25. Der Andere war viel sportlicher. _____

Sie sagte, dass _____.

26. Der Gewichtheber trainiert mit kurzen Hanteln (*dumbbells*). _____

27. Ihr Bruder kann sehr gut Rad fahren. _____

28. Die Mädchen wollen Schach spielen. _____

29. Unsere Mannschaft ist sehr schlecht. _____

30. Das ist ihre Lieblingssendung. _____

Wissen Sie, wo _____?

31. Der neue Spielplatz ist ... _____

32. Man kann im Harzgebirge bergsteigen. _____

33. Die Jungen spielen Basketball. _____

34. Ich kann Golf lernen. _____

35. Er ist beim Klettern abgestürzt (*fallen*). _____

Im Winter _____.

36. Wir gehen oft Schlittschuh laufen. _____

37. Ich stricke ein paar Pullover. _____

38. Sie haben den Europapokal gewonnen. _____

39. Er interessiert sich nicht für Tennis. _____

40. Alle spielen Hockey. _____

Thomas spielt gern Fußball, aber _____.

41. Sein Bruder geht oft angeln. _____

42. Seine Schwester bleibt zu Hause und näht. _____

43. Die Mannschaft ist sehr schwach (*weak*). _____

44. Die Anderen spielen lieber Tischtennis. _____

45. ... nicht so gut wie sein Bruder. _____

Erik fragte, ob _____.

46. Will sie spazieren gehen? _____

47. Hat er andere Münzen gesammelt? _____

48. Kann Mutter noch einen Pullover stricken? _____

49. Hält Schwimmen fit? _____

50. Muss Lars Gewichte heben? _____

Conversation: **Mein Hobby (My hobby)**

Two friends discuss the merits of certain leisure activities.

Sabine: Hast du gehört, Karl möchte Country Western tanzen lernen?

Did you hear that Karl wants to learn how to do country and western dancing?

Gudrun: Das ist verständlich. Er ist im allgemeinen ein guter Tänzer.

That's understandable. He's a good dancer in general.

Sabine: Er ist auch sehr sportlich. Er war der beste Torwart seiner Mannschaft.

He's also very athletic. He was the best goalie of his team.

Gudrun: Sonja hat einmal Fußball gespielt, aber jetzt interessiert sie sich für Fotografie.

Sonja used to play soccer, but now she's interested in photography.

Sabine: Ja, sie hat neulich eine neue Digitalkamera gekauft.

Yes, she recently bought a new digital camera.

Gudrun: Sie macht ausgezeichnete Aufnahmen.

She takes excellent pictures.

Sabine: Ich finde Fotografie langweilig. Ich spiele lieber Tennis oder schwimme.

I think photography is boring. I'd rather play tennis or swim.

Gudrun: Schade, dass wir in dieser Stadt kein Schwimmbad haben.

Too bad that we don't have a swimming pool in this city.

Sabine: Stimmt nicht. Es gibt ein großes Schwimmbad in der neuen Sportanlage.

That's not true. There's a large swimming pool in the new sports complex.

Gudrun: Schwimmen verlangt zu viel Energie. Ich lese gern.

Swimming demands too much energy. I like reading.

Based upon the dialogue **Mein Hobby**, *supply a logical response to each statement or question.*

1. Meine Freundin möchte Country Western tanzen lernen.

   _____

2. Was ist verständlich?

   _____

3. Karl war der beste Torwart seiner Mannschaft.

   _____

4. Wofür interessiert sich Sonja jetzt?

   _____

5. Sonja hat neulich eine neue Digitalkamera gekauft.

   _____

6. Wir haben in unserer Stadt kein Schwimmbad.

   _____

Hobbys

Many Germans have hobbies or participate in activities that are a diversion from the regular daily routine. These hobbies and activities vary greatly and conform to the many interests that people have. Let's look at some of these hobbies and activities.

Was ist dein Hobby?	*What is your hobby?*
Was machen Sie in Ihrer Freizeit?	*What do you do in your free time?*

Photography has been a favorite hobby among Germans for a long time, and Germany produces some of the world's finest cameras.

der Filmamateur, die -in	*amateur filmmaker*
die Fotografie	*photography*
der Fotoapparat, die Kamera	*camera*

When hiking in the mountains or in the forests of Europe, Germans love to live outdoors. **Das Camping** (*camping*) has become a favorite activity.

das Zelten	*camping, tenting*
die **Camping**ausrüstung	*camping equipment*
der **Camping**platz	*campground*

The Internet has brought a great deal of information into private homes. It has also provided fun outlets in the form of **Computerspiele** (*computer games*). Adults and children alike participate in this activity and often belong to clubs devoted to computer games. A more esoteric activity is

die Freikörperkultur (*nudism*). There are numerous nudist camps in Germany, including a famous one on the island of Sylt in the northernmost tip of the country.

Many people make a hobby out of making things with their hands. Some of these hobbies require great skill and craftsmanship.

der Modellbau	*model making*
die Handarbeit	*handicraft*
Sie stellte es in Handarbeit her.	*She made it by hand.*

Reading and collecting are more sedentary activities but are as popular as any other hobby. Consider these sentences.

Er liest gern über das Mittelalter.	*He likes reading about the Middle Ages.*
Sie liest gern über die Natur.	*She likes reading about nature.*
Der Junge sammelt Bilder von Tieren.	*The boy collects pictures of animals.*
Inge sammelte alte Löffel.	*Inge collected old spoons.*

Some people make a hobby out of performing or watching performances. For example:

Felix singt in einem Chor.	*Felix sings in a choir.*
Ich gehe oft in den Zirkus.	*I often go to the circus.*
Wir lernen Country Western tanzen.	*We're learning country and western dancing.*
Tina erzählte komische Witze.	*Tina told funny jokes.*
Frau Keller geht jede Woche in die Oper.	*Ms. Keller goes to the opera every week.*

ÜBUNG
11·6

Write the word or phrase provided as it would appear in the blank in each line of dialogue. Make any necessary changes.

Ich habe _____ gesammelt.

1. viele alte Bücher _____

2. neue Ansichtskarten _____

3. silberne Gabeln (*silver forks*) _____

4. mehr als vierzig Witze _____

5. alte Tassen (*cups*) _____

Wir sind oft _____ gegangen.

6. ins Theater _____

7. tanzen _____

8. Camping im Wald (*woods*) _____

9. in die Oper _____

10. zelten _____

Ich habe immer gern über _____ gelesen.

11. das Leben im Mittelalter (*middle ages*) _____

12. berühmte Sportler _____

13. die Weltgeschichte (*world history*) _____

14. der Zirkus _____

15. die Freikörperkultur _____

In meiner Freizeit _____.

16. Ich fotografiere Vögel (*birds*). _____

17. Ich lerne Country Western tanzen. _____

18. Ich spiele Computerspiele. _____

19. Ich stelle Keramikvasen (*ceramic vases*) in Handarbeit her. _____

20. Ich gehe oft zum Schwimmbad. _____

Der Fotograf fotografiert _____.

21. der Campingplatz _____

22. der junge Filmamateur _____

23. die Modellbauer (*model builders*) _____

24. die wilden Tiere _____

25. die Country Western Tänzer (*dancers*) _____

Answer key

1 Greetings and introductions

1·1 *Sample answers are provided.* 1. Sehr gut. 2. Nicht schlecht. 3. Wie heißt deine Cousine?

1·2 1. Guten Abend, Herr Schmidt.

Guten Abend. Wie geht es Ihnen?

Danke, es geht mir gut.

2. Duzen Maria und Erik sich?

Nein, sie siezen sich.

Maria kennt Erik nicht gut.

3. Siezt Martin Frau Keller?

Nein, sie duzen sich.

Ist sie seine Tante?

4. Wie geht es Frau Benz?

Nicht gut.

Ist Frau Benz wieder krank?

5. Kennen Sie meinen Onkel?

Nein, ich kenne ihn nicht.

Ich stelle ihn vor.

6. Wer ist das?

Das ist Frau Schneider.

Wirst du sie mir vorstellen?

7. Hallo, Sabine.

Guten Morgen, Erik.

Leider habe ich es eilig. Tschüs!

or

Guten Morgen, Erik.

Hallo, Sabine.

Leider habe ich es eilig. Tschüs!

8. Ich habe es eilig. Ich hole meine Tante ab.

Auf Wiedersehen!

Wiedersehen!

or

Ich habe es eilig. Ich hole meine Tante ab.

Wiedersehen!

Auf Wiedersehen!

9. Wer geht zum Bahnhof?

Mein Bruder. Er holt meine Cousine ab.

Werde ich sie auf der Party kennen lernen?

10. Hallo, Martin.

Guten Morgen, Sabine. Wie geht's?

Es geht mir ganz gut, danke.

1·3   In der Hauptstraße

Frau Keller: Hallo, Doktor Paulus. Wie geht es Ihnen?

Doktor Paulus: Guten Tag, Frau Keller. Es geht mir sehr gut. Danke. Und Ihnen?

Frau Keller: Nicht schlecht. Wohin gehen Sie?

Doktor Paulus: Zum Bahnhof. Ich hole meine Cousine ab.

Frau Keller: Kenne ich Ihre Cousine? Wie heißt sie?

Doktor Paulus: Sie heißt Tina. Sie werden sie auf der Party kennen lernen.

Frau Keller: Wie schön. Aber ich habe es eilig. Wiedersehen!

Doktor Paulus: Auf Wiedersehen!

1·4   *Sample answers are provided.*   1. Nein, ich kenne sie nicht.   2. Holen Sie Ihre Cousine ab?
3. Wie schön!

1·5   *Sample answers are provided.*   1. Ich wohne noch in der Hauptstraße.   2. Ich werde meinen Sohn besuchen.   3. Grüßen Sie Ihren Sohn von mir.   4. Ich gehe nach Hause.

1·6   An der Ecke

Martin: Guten Tag, Angela. Wie geht es dir?

Angela: Sehr gut. Und dir?

Martin: Nicht schlecht. Wohin gehst du?

Angela: Nach Hause. Wir haben jetzt eine Wohnung im Stadtzentrum.

Martin: Wir wohnen noch in der Schillerstraße.

Angela: Ach so. Was machst du gerade?

Martin: Ich werde meinen Sohn besuchen. Er wohnt hier in der Stadt.

Angela: Grüße deine Familie von mir!

1·7   *Sample answers are provided.*   1. Sabine: Ich werde ihn dir vorstellen.   2. Karl: Ich hole meinen Bruder ab.
3. Herr Keller: Er heißt Martin Bauer.   4. Frau Schneider: Nein, es geht mir gut.   5. Karl: Ich gehe zum Bahnhof.   6. Angela: Nein, sie duzen sich.   7. Sabine: Auf Wiedersehen!   8. Thomas: Er stellt einen Freund vor.   9. Doktor Paulus: Guten Tag, Frau Schneider. Ich habe es heute leider eilig.   10. Sabine: Ist er ein Freund von dir?

1·8   1. das Mädchen   2. meine Verwandten   3. ihren Bruder   4. Herrn Keller   5. diesen Lehrer   6. einen Freund von mir   7. meine Bekannte   8. diese Dame   9. den Ausländer   10. die Ausländer   11. meinen Sohn   12. unsere Tochter   13. Frau Dorf   14. diese Touristen   15. seinen Onkel   16. Erik   17. ihren Freund   18. Sabine   19. eine Freundin von mir   20. das Mädchen   21. meine Bekannte   22. Doktor Paulus   23. den Gast   24. seine Gäste   25. die Ärzte

1·9   1. Wer besucht dich? Frau Benz besucht dich.   2. Wer besucht ihn? Frau Benz besucht ihn.   3. Wer besucht sie? Frau Benz besucht sie.   4. Wer besucht uns? Frau Benz besucht uns.   5. Wer besucht euch? Frau Benz besucht euch.   6. Wer besucht Sie? Frau Benz besucht Sie.   7. Wer besucht sie? Frau Benz besucht sie.   8. Wer besucht uns / Erik und mich? Frau Benz besucht uns / Erik und mich.

1·10   1. b   2. f   3. h   4. g   5. a   6. c   7. e   8. j   9. i   10. d

1·11   An der Ecke

Frau Keller: Guten Tag, Erik. Guten Tag, Sabine. Wie geht es euch?

Erik: Sehr gut. Und Ihnen?

Frau Keller: Nicht schlecht. Wohin geht ihr?

Sabine: Nach Hause. Wir haben jetzt eine Wohnung im Stadtzentrum.

Frau Keller: Wir wohnen noch in der Schillerstraße.

Erik: Ach so. Was machen Sie jetzt?

Frau Keller: Ich werde meinen Sohn besuchen. Er wohnt hier in der Stadt.

Sabine: Grüßen Sie Ihre Familie von uns.

2   Family

2·1   *Sample answers are provided.*   1. Gestern war ihr Geburtstag.   2. Wie schön!   3. Ihre Großmutter hat ihr einen Pulli geschenkt.   4. Ich habe mir ein Handy gekauft.

2·2   1. einen Pulli   2. eine Digitalkamera   3. ein neues Handy   4. rote Rosen   5. einen neuen Fernsehapparat   6. meinem Vater   7. meinen Eltern   8. Ihrer Großmutter   9. seinen Verwandten 10. ihm   11. ihr   12. uns   13. meinen Eltern   14. ihnen   15. seiner Tante   16. mir einen Roman   17. dem Gast eine Flasche Wein   18. ihr einen weißen Pulli   19. seinem Onkel einen Gürtel   20. ihnen neue Handschuhe

2·3   *Sample answers are provided.*   1. Nein, sie wohnen in Spanien.   2. Und lebt seine Großmutter noch? 3. Ich habe ihm ein Handy gekauft.   4. Ja, sehr alt und sehr krank.   5. Ich habe ein Auto von ihm bekommen.   6. Wie alt ist sie?   7. Lebt Ihr Urgroßvater noch?   8. Ist Ihr Onkel jünger als sie? 9. Sie wohnt mit ihrem Mann in München.   10. Wohnen deine Geschwister in der Stadt?   11. Ja, im Haus gegenüber von hier.

2·4   1. Der Mann meiner Schwester ist Lehrer.

Ist er älter als sie?

Ja, er ist dreißig Jahre alt.

2. Ist das das Haus deines Stiefbruders?

Nein, er wohnt nicht in der Nähe.

Wo wohnt er denn?

3. Lebt Ihr Schwager noch?

Nein, er ist vor einem Jahr gestorben.

War er sehr krank?

4. Der zweite Mann meiner Tante ist Professor.

Wohnen sie in der Hauptstadt?

Ja, in Berlin.

5. Die Nichte meines Freundes hat sechs Geschwister.

Das ist eine große Familie.

Ja, aber sie haben eine kleine Wohnung.

6. Ist das Auto deiner Schwägerin neu?

Ja, ganz neu.

Es ist ein Geschenk von ihrem Sohn.

7. Habt ihr einen Hund?

Nein, wir haben zwei alte Katzen.

Meine Familie hat kein Haustier.

2·5   1. Kennst du den neuen Mann deiner Nichte? Nein, ich kenne ihn nicht.   2. Kennst du die Freundin des Matrosen? Ja, ich kenne sie.   3. Kennst du den Neffen meines Freundes? Ja, ich kenne ihn.   4. Kennst du die Gäste unserer Großmutter? Nein, ich kenne sie nicht.   5. Kennst du den Stiefsohn des Diplomaten? Ja, ich kenne ihn.   6. Schenkst du deiner Schwägerin rote Rosen? Nein, ich schenke ihr keine roten Rosen.   7. Schenkst du ihm diesen Roman? Ja, ich schenke ihm diesen Roman.   8. Schenkst du uns eine Digitalkamera? Nein, ich schenke euch keine Digitalkamera.   9. Schenkst du dem Matrosen ein neues Handy? Ja, ich schenke dem Matrosen ein neues Handy.   10. Schenkst du mir einen schicken Pulli? Ja, ich schenke dir einen schicken Pulli.

2·6   1. deinem Schwager   2. dem jungen Matrosen   3. meiner Stiefmutter   4. diesem Herrn   5. dieser Dame   6. mir   7. dir   8. ihm   9. ihr   10. uns   11. meiner Freundin   12. dem Jungen   13. seinem Schwager   14. dem deutschen Gast   15. dem Löwen   16. ein Geschenk   17. ein neues Hemd   18. einen roten Pulli   19. einen Bleistift   20. rote Rosen   21. Ihr Auto   22. zwanzig Euro   23. ein paar Bleistifte   24. ein Hemd   25. diesen Pulli

2·7   *Sample answers are provided.*   1. Nein, mein Geburtstag war vor einer Woche.   2. War es schon dein Geburtstag?   3. Sie schenkte ihm ein neues Handy.   4. Morgen kommt mein Onkel. Vielleicht kann er mir Geld leihen.   5. Ja, er ist nicht viel älter als du.   6. Nein, sie ist meine Stiefschwester.   7. Aber Ihr Neffe ist auch kleiner.   8. Aber jetzt wohnt ihr in einem großen Haus.   9. Nein, er hat kein Geld.   10. Ja, sie ist neunzig Jahre alt.

2·8   *Sample answers are provided.*

Die Geburtstagsfeier

Martin: Wo warst du gestern abend?

Angela: Hast du vergessen? Gestern war mein Geburtstag, und meine Verwandten kamen vorbei.

Martin: Wie alt bist du jetzt? Achtzehn?

Angela: Nein, neunzehn, genau wie du.

Martin: Was für Geschenke hast du bekommen?

Angela: Von meinen Schwestern habe ich eine schöne Bluse bekommen und von meiner Tante ein paar Bücher.

Martin: Wie schön. Sonst was?

Angela: Ja, ich habe mir einen Laptop gekauft.

3   Asking questions

3·1   *Sample answers are provided.*   1. Er sucht seine Hanteln.   2. Hanteln können nicht einfach verschwinden.   3. Nein. Die Garage ist immer unter Schloss und Riegel.   4. Ja, vor zwei Monaten habe ich sie Horst gegeben.   5. Niemand.

3·2   1. Wessen Mutter hilft ihm die Hanteln suchen?   2. Was hat er in der Ecke gesehen?   3. Wem will er ein Geschenk geben?   4. Von wem hat sie den Ring bekommen?   5. Wessen Bruder kennen die Gäste nicht?   6. Mit wem wollte der Lehrer sprechen?   7. Was hat sie fotografiert?   8. Wer hat darum gebeten?   9. Um wen hat sich die Mutter immer gesorgt?   10. Was möchte ich / möchtest du / möchten Sie trinken?   11. Was liegt auf dem Bett?   12. Wen hat Erik in Heidelberg besucht?   13. Durch wen haben sie die Nachricht gehört?   14. Was ist um dreizehn Uhr abgefahren?   15. Wessen Bücher liegen unter dem Tisch?

3·3   1. Woher kommt der Austauschstudent?   2. Wo musste mein/dein/Ihr Großvater eine Woche bleiben?   3. Wo haben die Kinder gespielt?   4. Wohin möchte ich / möchtest du / möchten Sie gerne reisen?   5. Wo wurden vier Kartons eingelagert?   6. Wohin wollen die Jungen gehen?   7. Wohin muss meine/deine/Ihre Schwester fahren?   8. Wo ist Professor Benz den ganzen Tag gewesen?   9. Wo liegt mein/dein/Ihr neuer Mantel?   10. Woher kenne ich / kennst du / kennen Sie diese Frauen?

3·4   *Sample answers are provided.*   1. Der Koffer ist unter dem Bett.   2. Mach schnell! Es ist schon acht Uhr.   3. Die Aktentasche ist hinter der Tür.   4. Hast du auch ein Treffen in Köln?   5. Nein, sie kommt am Samstag.

3·5   1. am Freitag   2. im Sommer   3. am elften Juli   4. morgen   5. um neun Uhr   6. in zehn Minuten   7. um achtzehn Uhr   8. morgen   9. am neunzehnten Dezember   10. bis Ende März   11. am ersten Oktober   12. nächste Woche   13. im Januar   14. erst Ende August   15. nächsten Monat

3·6   1. Sie sitzen im Wohnzimmer, denn es ist da wärmer.   2. Erik trägt einen Mantel, denn es ist heute sehr kalt.   3. Andrea fährt nach Mannheim, denn sie will ihre Verwandten besuchen.   4. Sie kocht eine Suppe, denn die Kinder haben Hunger.   5. Thomas hat bis zehn Uhr geschlafen, denn er ist sehr müde gewesen.   6. Er stellt eine Lampe auf den Tisch, weil es im Wohnzimmer dunkel ist.   7. Vater kam so spät nach Hause, weil er bis achtzehn Uhr arbeiten musste.   8. Horst sitzt am Strand, weil er leider nicht schwimmen kann.   9. Lars tanzt so oft mit Angela, weil er sie gern hat.   10. Ich will nicht in die Oper gehen, weil ich die Oper sehr langweilig finde.

3·7   1. Wie viele Hanteln hat der junge Sportler?   2. Wie lang ist diese Autobahn?   3. Wie viel Zeit hatte der Rechtsanwalt?   4. Wie schnell fliegt das neue Flugzeug?   5. Wie groß war der Korbballspieler?   6. Wie viele Ringe hat meine/deine/Ihre Freundin gekauft?   7. Wie oft gehe ich / gehst du / gehen Sie joggen?   8. Wie viel Energie produziert diese Maschine?   9. Wie hoch ist der Wolkenkratzer?   10. Wie groß ist das Zimmer?

3·8   *Sample answers are provided.*

Stefan: Wo ist mein <u>neuer Hut</u>? Ich kann ihn nicht finden.

Angela: Hast du vergessen? Er ist <u>auf dem Tisch</u>.

Stefan: Ich muss schnell packen. Ich muss <u>um halb zwölf</u> in Bremen sein.

Angela: Du hast genug Zeit. Es ist erst <u>acht</u> Uhr.

Stefan: Wohin habe ich <u>meinen Koffer</u> gestellt?

Angela: <u>Er</u> ist <u>im Schlafzimmer</u>. Wohin fährst du morgen?

Stefan: Von Bremen fahre ich nach <u>Stuttgart</u>.

Angela: Wann kommst du nach Hause? <u>Am Dienstag</u>?

Stefan: Nein, <u>am Mittwoch</u>. Ich habe am <u>Dienstag</u> ein Treffen in Hannover.

Angela: Vergiss nicht, dass <u>dein Onkel</u> am Freitag zu Besuch kommt!

4   Around the city

4·1   *Sample answers are provided.*   1. Es gab einen Schneesturm in den Bergen.   2. Ich esse lieber chinesisch.   3. Heute abend spielt er Orgelmusik in der Konzerthalle.   4. Die neue Konzerthalle ist in der Stadtmitte.   5. Das ist zu wenig. Gib ihm drei Euro!

4·2   1. Wir werden einen Onkel in Berlin besuchen.   2. Lars wird das Geld in seiner Tasche finden.   3. Der Gepäckträger wird drei schwere Koffer tragen.   4. Unsere Familie wird heute Abend mexikanisch essen.   5. Alle werden langsam fahren.   6. Die junge Pianistin wird ein Werk von Mozart spielen.   7. Der Zug wird wieder Verspätung haben.   8. Es wird ihm Leid tun.   9. Ich werde den Fünfzehnjährigen aus Russland einladen.   10. Niemand wird diese moderne Musik verstehen.   11. Sie werden in der Stadtmitte warten.   12. Eine reiche Dame wird eine Konzerthalle neben dem Hauptbahnhof bauen.   13. Die Touristen werden mit vielen Koffern ankommen.   14. Sie wird dem Gepäckträger ein Trinkgeld geben.   15. Sie werden endlich wieder zu Hause sein.

4·3   *Sample answers are provided.*   1. Gehen wir heute abend essen!   2. Leider hatte der Zug Verspätung.   3. Ich habe keinen Hunger. Ich möchte nur eine Tasse Tee.   4. Ja, bringen sie mir ein Glas Rotwein!   5. Nein, ich mag Klaviermusik lieber.   6. Essen sie immer mexikanisch?   7. Ich bestelle ein Würstchen und ein Glas Wein.   8. Ich gebe ihm vier Euro.   9. Hat das Restaurant eine gute Küche?   10. Jetzt müssen wir schnell machen.

4·4   1. Lars ist jünger als sein Bruder. Seine Schwester ist am jüngsten.   2. Meine Mutter ist älter als meine Tante. Meine Großmutter ist am ältesten.   3. Das Theater ist kleiner als die Oper. Das Kino ist am kleinsten.   4. Erik singt besser als Tina. Der Bariton singt am besten.   5. Ihr Onkel läuft langsamer als ihr Bruder. Der kleine Junge läuft am langsamsten.   6. Der Bahnhof ist größer als die Kirche. Der Dom ist am größten.   7. Das Gasthaus kostet weniger als das Hotel. Der Gasthof kostet am wenigsten.   8. Ich warte länger als du. Die Touristen warten am längsten.   9. Der Professor verdient mehr als die Lehrerin. Der Zahnarzt verdient am meisten.   10. Der Tiergarten ist interessanter als das Museum. Die Kunsthalle ist am interessantesten.

4·5   *Sample answers are provided.*   1. Sie bekommt ein Paket.   2. Ist sie Postbotin?   3. Ja, es ist teuer Briefe zu schicken.   4. Eine E-Mail ist billig.   5. Das ist wahrscheinlich ein Brief von meinem Bruder in Deutschland.

4·6   1. eine Postkarte   2. einen langen Brief   3. eine Ansichtskarte   4. ein paar Worte   5. einer Bank   6. der Post   7. einer Sparkasse   8. einem Geldwechsel   9. dem Postbeamten   10. der Kellnerin   11. meiner Tante   12. der jungen Pianistin   13. ihn   14. sie   15. sie   16. uns   17. Briefmarken   18. eine Postkarte   19. ein paar Ansichtskarten   20. eine Reservierung   21. ein Paket   22. diese Geschenke   23. einen langen Brief   24. unsere Adresse   25. dem Postamt   26. der Sparkasse   27. dem Hafen   28. der alten Kirche   29. diesem Restaurant   30. dieser Gaststätte   31. dem Ratskeller   32. diesem Gasthaus   33. ein neues Hotel   34. einen großen Bahnhof   35. ein modernes Hochhaus   36. einen Dom   37. sonntags   38. heute   39. morgen   40. am Samstag

4·7   1. Schenken wir ihnen eine Flasche Wein!   2. Gehen wir mit ihr ins Kino!   3. Singen wir mit dem Bariton!   4. Kaufen wir ein paar Briefmarken!   5. Geben wir ihm ein neues Hemd!   6. Trinken wir ein Glas Bier!   7. Laden wir die französischen Touristen ein!   8. Senden wir unserem Reiseführer eine Ansichtskarte!   9. Bestellen wir eine Flasche Sekt!   10. Warten wir vor dem Rathaus!

4·8   1. Was machen wir heute abend?

Wir laden dich ein, mexikanisch zu essen.

Ich esse gern mexikanisch.

2. Warum schreibst du ihm eine E-Mail?

Briefmarken sind teuer.

Aber ein Computer kostet viel mehr als eine Briefmarke.

3. Erik ist ziemlich jung.

Werner ist viel älter als Erik.

Werners Bruder ist am ältesten.

4. Ich habe Hunger. Gehen wir essen!

Dieses Lokal hat eine gute Küche.

Ich esse lieber in einem großen Restaurant.

5. Morgen bekomme ich einen Brief von Karl.

Morgen ist Sonntag. Sonntags gibt es keine Post.

Das habe ich vergessen.

6. Da kommt der Briefträger mit meinen Koffern.

Du sollst ihm ein Trinkgeld geben.

Ich werde ihm zwei Euro geben.

7. Ich möchte ein Glas Bier. Und du?

Ich möchte lieber ein Glas Wein.

Was bestellen wir zu essen?

8. Ich habe ein kleines Paket für Sie.

Es ist ein Geschenk von meinem Bruder.

Wo wohnt Ihr Bruder?

9. Ich möchte das neue Museum besuchen.

Nein, das Schloss ist interessanter.

Gehen wir lieber ins Restaurant!

10. Morgen kommt mein Sohn zu Besuch.

Arbeitet dein Sohn noch bei der Post?

Nein, er arbeitet jetzt bei einer Bank.

5   Dining out

5·1   *Sample answers are provided.*   1. Zum schwarzen Adler ist ein sehr elegantes Restaurant.   2. Ich esse gern Sauerbraten oder Steak.   3. Nein, er findet das Essen preiswert.   4. Viele Leute sind jetzt Antialkoholiker.   5. Mein Mann trinkt kein Bier.

5·2   Zum schwarzen Adler

Felix: Ich bin sicher, dass dir dieses Restaurant gefallen wird.

Angela: Es ist sicherlich sehr elegant, aber hoffentlich nicht zu teuer.

Felix: Ich habe sehr oft hier gegessen, und alles ist preiswert. Bitte bestell alles, was dir gefällt!

Angela: Ich esse manchmal vegetarisch, aber vielleicht soll ich die Forelle probieren.

Felix: Bedienung! Bitte eine Flasche Weißwein.

Angela: Mein Mann trinkt keinen Wein. Ihm gefällt nur Bier.

Felix: Meine Frau ist Antialkoholikerin und trinkt nur ein Gläschen Rotwein zu Weihnachten.

Angela: Übrigens, Felix, hast du den Vertrag mitgebracht?

Felix: Jawohl.

5·3   1. zu Mittag   2. zu Abend   3. Brot und Butter   4. Eier   5. Spiegeleier   6. Haferbrei   7. Zum roten Apfel   8. Zum goldenen Hahn   9. Ich esse   10. Du isst   11. Sie isst   12. Wir essen   13. Ihr esst   14. Sie essen   15. der Küche   16. einem Restaurant   17. dieser Gaststätte   18. einem Café   19. diesem Lokal   20. dem Garten

5·4   *Sample answers are provided.*   1. Ich möchte lieber ein Glas Bier.   2. Gerne. Aber ich esse nur vegetarisch.   3. Sind diese Plätze frei?   4. Ich esse gern Obsttorte.   5. Möchten Sie das Steak durchgebraten?   6. Eine Wurst und ein Glas Bier.   7. Wenn das Wetter schlecht ist, essen wir in der Küche.   8. Möchtest du noch ein Stück Kuchen?   9. Ich möchte bitte nur Salat.   10. Zu Abend essen wir in der Küche.

5·5   1. Hat sie Hunger? Ja, sie hat großen Hunger.   2. Haben die Kinder Hunger? Ja die Kinder haben großen Hunger.   3. Hat mein Sohn Hunger? Ja, mein/Ihr/dein Sohn hat großen Hunger.   4. Habt ihr Hunger? Ja, ihr habt / wir haben großen Hunger.   5. Haben Sie Hunger? Ja, ich habe / Sie haben / wir haben großen Hunger.   6. Hast du Hunger? Ja, du hast / ich habe großen Hunger.   7. Hat der Reiseführer Hunger? Ja, der Reiseführer hat großen Hunger.   8. Hat er Hunger? Ja, er hat großen Hunger.   9. Haben Frau Neufeld und Sie Hunger? Ja, Frau Neufeld und Sie haben / wir haben großen Hunger.   10. Hat Felix Hunger? Ja, Felix hat großen Hunger.

5·6   *Sample answers are provided.*

1. Finde seine Bücher!

Findet seine Bücher!

Finden Sie seine Bücher!

2. Bestell(e) eine Flasche Rotwein!

Bestellt eine Flasche Rotwein!

Bestellen Sie eine Flasche Rotwein!

3. Trink(e) nur Milch!

Trinkt nur Milch!

Trinken Sie nur Milch!

4. Frühstück(e) im Esszimmer!

Frühstückt im Esszimmer!

Frühstücken Sie im Esszimmer!

5. Deck(e) den Tisch mit einem großen Tischtuch!

Deckt den Tisch mit einem großen Tischtuch!

Decken Sie den Tisch mit einem großen Tischtuch!

6. Iss keinen Kuchen!

Esst keinen Kuchen!

Essen Sie keinen Kuchen!

7. Grill(e) nicht in der Garage!

Grillt nicht in der Garage!

Grillen Sie nicht in der Garage!

8. Probier(e) die Forelle!

Probiert die Forelle!

Probieren Sie die Forelle!

9. Bring(e) den Vertrag mit!

Bringt den Vertrag mit!

Bringen Sie den Vertrag mit!

10. Mach(e) alle Fenster zu!

Macht alle Fenster zu!

Machen Sie alle Fenster zu!

5·7 *Sample answers are provided.*

1. Schneit es?

Ja, es ist wieder sehr kalt.

Morgen soll das Wetter besser sein.

2. Es klingelt.

Wer kommt so spät zu Besuch?

Ich sehe einen Fremden an der Tür stehen.

3. Dieses Restaurant hat eine gute Küche.

Hoffentlich ist es nicht zu teuer.

Es wird dir sicherlich gefallen.

4. Mein Mann trinkt zu viel Bier.

Ja, das kann der Gesundheit schaden.

Aber ich bin Antialkoholikerin.

5. Wann kommst du vorbei?

Um halb zwölf.

Warum so spät?

5·8 *Sample answers are provided.*

Zum <u>weißen</u> Adler

Herr Benz: Ich bin sicher, dass Ihnen dieses <u>Café</u> gefallen wird.

Frau Neufeld: Es ist sicherlich sehr <u>schön</u>, aber hoffentlich nicht zu teuer.

Herr Benz: Ich habe <u>schon zweimal</u> hier gegessen, und alles ist <u>billig</u>. Bitte bestellen Sie alles, was Ihnen gefällt!

Frau Neufeld: Ich esse manchmal vegetarisch, aber vielleicht <u>will</u> ich die <u>Würstchen</u> probieren.

Herr Benz: Bedienung! Bitte eine Flasche <u>Rotwein.</u>

Frau Neufeld: Mein Mann trinkt keinen Wein. Ihm gefällt nur <u>Kaffee.</u>

Herr Benz: Meine Frau ist Antialkoholikerin und trinkt nur <u>Mineralwasser.</u>

Frau Neufeld: Übrigens, Herr Benz, haben Sie <u>meine Bücher</u> mitgebracht?

Herr Benz: Jawohl.

6 School

6·1 *Sample answers are provided.* 1. Er steht vor dem Rathaus. 2. Kann er Deutsch? 3. Was für ein Arzt möchte er werden? 4. Neben ihm steht seine Verlobte. 5. Sie ist Lehrerin in einer Schule in einem Vorort.

6·2   *Sample answers are provided.*   1. Er lehrt Physik und Chemie.   2. Ja, vor drei Monaten.   3. Ich bekomme eine gute Note in Physik.   4. Wer ist der junge Mann neben ihr?   5. Wie alt ist Sabine jetzt?   6. Will er an einer Universität studieren?   7. Wird er das Abitur machen?   8. Ja, sehr gut aber mit einem Akzent.   9. Lehrt er an der Universität?   10. Du solltest besser aufpassen.

6·3   1. Wir haben Hausaufgaben geschrieben.   2. Ich habe den Artikel gelesen.   3. Wer hat bei dir Englisch unterrichtet?   4. Sie hat eine Berufsschule besuchen müssen.   5. Er hat sein Auto waschen lassen.   6. Wie lange hat es gedauert?   7. Ihr habt ihn Deutsch sprechen hören.   8. Felix hat eine sehr gute Note bekommen.   9. Kleine Kinder haben den Kindergarten besuchen können.   10. Sie hat mein Lehrbuch gehabt.   11. Ich habe einen Deutschkurs belegt.   12. Du hast einen Text übersetzt.   13. Sie haben das Lied auswendig gelernt.   14. Er hat seine Note verbessern wollen.   15. Der Schüler hat einen Fehler gemacht.

6·4   1. Der Neuling aus Bremen ist sportlich.

Spielt er Fußball?

Nein, er spielt Tennis.

2. Hat Frau Schiller das Examen korrigiert?

Noch nicht.

Hoffentlich bekomme ich eine gute Note.

3. Wir müssen achtzig Seiten lesen.

Ich kann nicht. Ich bin kein Genie.

Vielleicht. Aber du musst.

4. Welche Fächer standen auf dem Stundenplan?

Deutsch und Physik.

Der Physikkurs ist nicht für Anfänger.

5. Auf welcher Seite steht die Hausaufgabe?

Auf Seite vierzig.

Ich verstehe kein Wort.

6. Er hat etwas an die Tafel geschrieben.

Ist das die neue Hausaufgabe?

Nein, das ist der Stundenplan für morgen.

7. Morgen wiederholen wir das Gedicht noch einmal.

Ich habe es noch nicht gelesen.

Warum bist du so faul?

8. Englisch ist für mich ziemlich leicht.

Und du sprichst auch sehr gut.

Ja, aber mit einem deutschen Akzent.

9. Ich habe den Neuling schwimmen sehen.

Er ist sehr sportlich.

Er ist auch sehr klug.

10. Ich werde ein schlechtes Zeugnis bekommen.

Ich auch.

Wir müssen unsere Noten verbessern.

11. Haben Sie einen Physikkurs belegt?

Nein, Physik ist zu schwer.

Was für einen Kurs werden Sie belegen?

12. Ihr werdet eine andere Schule besuchen müssen.

Aber wir mögen diese Schule.

Es tut mir leid. Wir haben keinen Platz mehr.

13. Morgen haben wir einen Test.

Nein, morgen ist Sonntag.

Morgen haben wir keine Schule.

14. Kennst du den Neuling aus München?

Ja, er heißt Erik und ist sehr klug.

Er hat letzten Monat das Abitur gemacht.

15. Lars, hast du deine Bücher mitgebracht?

Nein, Herr Braun. Ich habe sie leider vergessen.

Willst du eine schlechte Note bekommen?

6·5   1. Mathematik und Physik   2. Deutsch und Spanisch   3. Sport und Geschichte   4. Biologie und Erdkunde   5. Soziologie und Chemie   6. Am Montag   7. Nächste Woche   8. Im Juni   9. Morgen   10. Nächsten Freitag   11. ein Stipendium   12. gute Noten   13. eine schlechte Note   14. einen Brief   15. Wir müssen   16. Man muss   17. Alle müssen   18. Du musst   19. Ihr müsst   20. Elektrotechnik   21. Germanistik   22. Maschinenbau   23. Kunsterziehung   24. Jura   25. Geschichte

6·6   *Sample answers are provided.*

An der Bushaltestelle

Tina: Wer ist <u>die</u> junge <u>Frau</u>, <u>die</u> vor dem <u>Bahnhof</u> steht?

Felix: Das ist <u>Sabine Braun</u>. <u>Sie</u> ist <u>Österreicherin</u> und <u>eine</u> Austauschstudent<u>in</u> aus <u>Wien</u>.

Tina: Ich habe <u>sie</u> gestern <u>im Hörsaal</u> sprechen hören. <u>Sie</u> spricht gut aber mit einem Akzent.

Felix: <u>Sie</u> kann auch ein bisschen <u>Englisch und Russisch</u>. <u>Sie</u> studiert <u>Jura</u> an der Uni.

Tina: Und wer ist <u>der</u> junge <u>Mann</u> neben <u>ihr</u>?

Felix: Das ist <u>ihr Verlobter</u>. <u>Er ist Schweizer aus Basel</u>.

Tina: Studiert <u>er</u> auch?

Felix: Nein. <u>Er</u> ist schon <u>Lehrer</u> an <u>einem Gymnasium</u> in einem Vorort.

7   Entertainment

7·1   *Sample answers are provided.*   1. Sie freut sich darauf, dass der neue Fernsehapparat geliefert wird.   2. Meine Kinder sehen jeden Abend fern.   3. Einen Fernsehapparat bekommt man nicht umsonst.   4. Das stimmt, aber es gibt Ballette, Schauspiele, Konzerte, Opern.   5. Live-Aufführungen.

7·2   *Sample answers are provided.*   1. Ich sehe nicht fern. Ich gehe gern ins Theater.   2. Im Theater gibt es Ballette, Schauspiele, Konzerte, Opern.   3. Weil die Eintrittskarten für dieses Stück billig sind.   4. Der Vorhang hebt sich.   5. Das ist der berühmte Schauspieler Otto Lenz.   6. Fragen wir einen Platzanweiser!   7. Sehr. Ich habe viel gelacht.   8. Warum verbeugen sich die Schauspieler?   9. Ja, und vier Stunden lang.   10. Das Schauspiel ist zu Ende.

7·3   *Sample answers are provided.*

1. Was gibt's heute im Fernsehprogramm?

Heute wird ein Wildwestfilm gespielt.

Schade. Ich mag Fußball.

2. Ein Film wird hier in der Stadt gedreht.

Ein Spielfilm?

Nein, ein Dokumentarfilm.

3. Um wie viel Uhr kommt die Kindersendung?

Um neunzehn Uhr.

Um neunzehn Uhr? Ich möchte mir die Nachrichten ansehen.

4. Mein Großvater hört jeden Abend Radio.

Hört er Rockmusik?

Überhaupt nicht! Er hört nur klassische Musik.

5. Der neue Kühlschrank wird am Montag geliefert.

Aber ich wollte einen neuen Fernsehapparat kaufen.

Warum? Wir sind noch nicht verkabelt.

6. Sehen wir uns den neuen Zeichentrickfilm an! Er beginnt jetzt.

Aber was ist das?

Schon wieder Werbung!

7. Das alte Radio ist von meinem Vater verkauft worden.

Wie kannst du jetzt Musik hören?

Ich kann Radiosendungen am Laptop empfangen.

8. Wo ist die Fernbedienung?

Willst du dir einen Dokumentarfilm ansehen?

Nein, die Kindersendung beginnt in fünf Minuten.

9. Warum ist der Fernsehempfang so schlecht?

Es ist wahrscheinlich ein Problem mit der Antenne.

Unmöglich! Wir sind verkabelt.

10. Ich finde eine Talkshow sehr interessant.

Ja, manchmal diskutieren die Gäste wichtige Probleme.

Aber heute sehen wir uns ein Fußballspiel an.

7·4   *Sample answers are provided.*   1. Niemand.   2. Zwei Spielfilme sind vielleicht zu viel.   3. Nein, sie will mit einem Taxi fahren.   4. Das ist sehr preiswert für zwei Filme.   5. Sie treffen sich vor der Kasse. 6. Ich mag gern amerikanische Filme.

7·5   *Sample answers are provided.*   1. Und ein Elefant ist viel größer als ein Nilpferd.   2. Man sagt auch, dass Affen dumm sind.   3. Wo ist der Elefant?   4. Aber ich bin müde. Ich muss mich hinsetzen.   5. Nein, viele sind harmlos.   6. Nein, es ist ein Warmblüter.   7. Aber es ist kalt und es schneit.   8. Kamele können in der Wüste leben.   9. Und auch intelligent. Er kann sprechen.   10. Nein, Krokodile und Eidechsen legen auch Eier.

7·6   *Sample answers are provided.*

Gehen wir ins Kino!

Karin: Was machen wir heute Abend? Willst du <u>mexikanisch essen</u>?

Andreas: Nein, heute zeigen sie <u>einen italienischen Spielfilm</u> im <u>neuen Kino</u>.

Karin: <u>Italienisch</u>! Prima! Um wie viel Uhr beginnt die Vorstellung?

Andreas: <u>Um neunzehn Uhr</u>. Willst du <u>mit dem Rad fahren</u>?

Karin: Nein, das <u>Kino</u> ist zu weit. Fahren wir mit <u>dem Bus</u>!

Andreas: Gute Idee. Weißt du, wie viel die Kinokarten kosten?

Karin: Letzte Woche hat es <u>zehn Euro</u> gekostet. Hast du genug Geld?

Andreas: <u>Ich habe zwanzig Euro</u>. Treffen wir uns <u>an der Bushaltestelle</u>.

Karin: Übrigens. Wie heißt <u>der Film</u>?

Andreas: Ich weiß es nicht. Aber <u>er ist</u> <u>italienisch</u> mit <u>Sophia Loren</u> in der Hauptrolle.

8   Shopping

8·1   *Sample answers are provided.*   1. Weil das Einkaufszentrum weit entfernt ist.   2. Hans braucht nur Sportkleidung.   3. Er ist sehr sportlich.   4. Sie sieht einen schicken Anzug.   5. Es ist zu früh zu essen. 6. Fragen wir den Verkäufer da, wo die Sportkleidung ist.

8·2   *Sample answers are provided.*   1. Warum? Willst du Einkäufe machen?   2. Nein, aber es ist in unserem anderen Geschäft erhältlich.   3. Es ist zu früh, und wir haben noch so viel zu tun.   4. Nein, du brauchst eine kleinere Größe.   5. Sie sind ziemlich teuer. Zwölf Euro.

8·3   1. diesen Regenmantel   2. eine blaue Bluse   3. einen roten Rock   4. keine Stiefeln   5. eine braune Strumpfhose   6. Ich zog   7. Du zogst   8. Sie zog   9. Wir zogen   10. Sie zogen   11. seine Jacke   12. seinen Sakko   13. sein Unterhemd   14. meine Handschuhe   15. den alten Anzug   16. wird eine Apotheke   17. werden zwei Kaufhäuser   18. wird eine neue Buchhandlung   19. werden keine neuen Geschäfte   20. wird eine Metzgerei   21. den blauen Sakko   22. diese Lederjacke   23. mein buntes Hemd   24. einen größeren Rock   25. die billigen Handschuhe   26. Ich ziehe mich   27. Du ziehst dich   28. Er zieht sich   29. Ihr zieht euch   30. Der neue Verkäufer zieht sich   31. nur Eisenwaren   32. keine Haushaltswaren   33. keine Lebensmittel   34. Kleidung für Kinder   35. Spielzeug   36. mir   37. ihm   38. deinem Vater   39. dem Damenfriseur   40. dem Ladenbesitzer   41. den alten Regenmantel   42. die neuen Turnschuhe   43. diesen Badeanzug   44. dieses T-Shirt   45. den braunen Hut   46. in die Molkerei   47. ins Einkaufszentrum   48. ins neue Kaufhaus   49. in die   50. ins Lebensmittelgeschäft

8·4   *Sample answers are provided.*   1. Er musste Herrn Dorf helfen.   2. Kein Problem. Es ist nur vierzehn Uhr.   3. Sie brauchen neue Kleider.   4. Die besten Jeans kosten mehr als sechzig Euro.   5. Er weiß nicht, wo das Hemd ist.   6. Du hast Recht. Ich werde mir ein T-Shirt anziehen.

8·5   1. Dieser Wagen kostet fünfzehntausendneunhundert Euro.   2. Ein Stück Kuchen kostet einen Euro und sechzig Cent.   3. Diese Handschuhe kosten zweiundzwanzig Euro und fünfundachtzig Cent.   4. Ihr neues Haus kostet zweihundertfünfzigtausend Euro.   5. Die Fliege kostet acht Euro und zehn Cent.   6. Mein Pelzmantel kostet neunhundertfünfundzwanzig Euro und fünfundzwanzig Cent.   7. Diese DVDs kosten dreiunddreißig Euro und fünfundsiebzig Cent.   8. Zwei Eintrittskarten kosten fünfundvierzig Euro.   9. Ein Liter Bier kostet drei Euro und fünfzig Cent.   10. Diese Lederstiefeln kosten hundertfünfundzwanzig Euro.

8·6   1. Das Esszimmer ist vier Meter breit.   2. Dieses Brett ist zehn Komma fünf Zentimeter / zehn und halb Zentimeter lang.   3. Der Küchentisch ist einen Meter hoch.   4. Ich kaufe zwölf Pfund Kartoffeln.   5. Die Katze wiegt acht Kilogramm.   6. Der Teich ist ein Meter tief.   7. Der Fluss ist vier Komma fünf Meter / vier und halb Meter tief.   8. Der Bleistift ist hundertfünfundzwanzig Millimeter lang.   9. Der See ist elf Meter tief.   10. Die neue Wohnung hat fünfundneunzig Quadratmeter.

8·7   *Sample answers are provided.*

Im <u>Kaufhaus</u>

Mutter: Endlich sind wir da! Wir hätten mit einem Taxi fahren sollen.

Vater: Ja, das <u>Kaufhaus</u> ist weit entfernt, aber es ist gesund zu Fuß zu gehen.

Mutter: Wo ist meine Liste? Ich möchte <u>Andreas</u> einen Anzug und <u>einen neuen Schlips</u> kaufen.

Vater: Tanja braucht nur <u>ein schönes Kleid</u>. Und neue <u>Strümpfe</u>. <u>Das Mädchen</u> lebt jetzt im <u>Tanzlokal</u>.

Mutter: Guck mal! Der <u>Sakko</u> im Schaufenster sieht schick aus. Perfekt für dich.

Vater: Nein. Die <u>schwarze</u> Farbe steht mir nicht gut.

Mutter: Vielleicht der <u>Graue</u> mit einem <u>blauen Hemd</u>.

Vater: Es ist schon <u>zwölf</u> Uhr. Ich möchte <u>ein Glas Bier und ein Würstchen</u>.

Mutter: Es ist zu <u>spät</u>, und wir müssen noch viele Einkäufe machen.

Vater: Fragen wir <u>die Verkäuferin</u> da, wo die <u>Lederjacken</u> <u>sind</u>!

9   Travel

9·1   *Sample answers are provided.*   1. Die besten Modehäuser sind in Paris.   2. Vielleicht sollen wir dieses Jahr eine Amerikareise machen.   3. Wie wäre es mit Wien oder Zürich?   4. Die USA sind zu weit entfernt.   5. Aber wir haben nicht genug gespart, um eine Auslandsreise zu machen.   6. Aber Nordafrika ist nur jenseits des Mittelmeers.

9·2   1. Positive: Die guten Modehäuser sind in Paris.

Comparative: Die besseren Modehäuser sind in Paris.

Superlative: Die besten Modehäuser sind in Paris.

2. Positive: Ich möchte gern nach Amerika reisen.

Comparative: Ich möchte lieber nach Amerika reisen.

Superlative: Ich möchte am liebsten nach Amerika reisen.

3. Positive: Ist das Mittelmeer die große See?

Comparative: Ist das Mittelmeer die größere See?

Superlative: Ist das Mittelmeer die größte See?

4. Positive: Es war lehrreich.

Comparative: Es war lehrreicher.

Superlative: Es war am lehrreichsten.

5. Positive: Es ist weit zwischen Berlin und München.

Comparative: Es ist weiter zwischen Berlin und München.

Superlative: Es ist am weitesten zwischen Berlin und München.

6. Positive: Ist Boston interessant?

Comparative: Ist Boston interessanter?

Superlative: Ist Boston am interessantesten?

7. Positive: Wir haben viel gespart.

Comparative: Wir haben mehr gespart.

Superlative: Wir haben am meisten gespart.

8. Positive: Sie besucht das neue Modehaus.

Comparative: Sie besucht das neuere Modehaus.

Superlative: Sie besucht das neueste Modehaus.

9. Positive: Die großen Gebäude sind in dieser Straße.

Comparative: Die größeren Gebäude sind in dieser Straße.

Superlative: Die größten Gebäude sind in dieser Straße.

10. Positive: Das Wetter im Frühling ist herrlich.

Comparative: Das Wetter im Frühling ist herrlicher.

Superlative: Das Wetter im Frühling ist am herrlichsten.

9·3 *Sample answers are provided.* 1. Fahren wir mit der Straßenbahn! 2. Nein, gehen wir in der Stadtmitte spazieren! 3. Will er in den Großstädten einkaufen gehen? 4. Zwanzig Minuten. Und es wird kalt. 5. Ich kann nicht Rad fahren gehen. Ich habe kein Fahrrad. 6. Nein, ich fliege dorthin mit Lufthansa. 7. Oder besser, wir können am Strand Rad fahren. 8. Ja, im Juni reisen wir nach Italien. 9. Leider nicht. Nur am Wochenende. 10. Heute nicht. Tun wir etwas anderes!

9·4 1. mein Vater 2. sind die deutschen Touristen 3. die Reiseleiterin 4. bin ich 5. sind die Zollbeamten 6. deinen Pass 7. dein Gepäck 8. deine zwei Koffer 9. deine Reiseschecks 10. deinen Reiseprospekt 11. ihm 12. der Zollbeamtin 13. dem Reiseführer 14. ihr 15. dem amerikanischen Touristen 16. Ich bin 17. Du bist 18. Sie ist 19. Wir sind 20. Ihr seid 21. etwas 22. nichts 23. viele Geschenke 24. vier Flaschen Wein 25. vielerlei

9·5 *Sample answers are provided.* 1. Das Hotel ist voll besetzt. 2. Wir hätten in einer Gaststätte übernachten sollen. 3. Und danach eine Hafenrundfahrt machen. 4. Sie will ein paar Andenken kaufen. 5. Das ist mein Lieblingsballett. 6. Nein, Karl hat ihn in seiner Tasche.

9·6 1. einem alten Dampfer 2. einem riesigen Schiff 3. seinem Motorrad 4. der nächsten Straßenbahn 5. einem Taxi 6. ein Bus 7. ein Zug 8. Sind diese Lastwagen 9. ein Fahrrad 10. Sind diese Pferde 11. in fünf Minuten 12. in einer Stunde 13. in ein paar Minuten 14. spät 15. in drei Stunden 16. erster 17. zweiter 18. dritter 19. Touristenklasse 20. bei Flut 21. morgen früh 22. um Mitternacht 23. spät am Abend 24. Der Flugbegleiter schnallte sich 25. Du schnalltest dich

9·7 *Sample answers are provided.*

Die Ferienreise

Andrea: Ich möchte so gerne <u>nach Rom</u> fahren. Da gibt's die besten <u>Restaurants.</u>

Jörg: Wir haben <u>letzten Monat</u> eine ganze Woche in <u>Italien</u> verbracht. Ich möchte lieber etwas anderes tun.

Andrea: Ja, ich weiß. Du willst <u>Tennis spielen</u> oder <u>Rad fahren</u> gehen. <u>Eine Auslandsreise</u> ist viel interessanter.

Jörg: Wie wäre ist es mit Bremen oder Hamburg? Und sie sind gar nicht so weit von hier.

Andrea: Nein, eine Italienreise ist ein kulturelles Erlebnis und sehr lehrreich.

Jörg: Haben wir genug gespart, um eine Russlandreise zu machen?

Andrea: O, Jörg, welch eine herrliche Idee! In St. Petersburg gibt es auch ausgezeichnete Restaurants.

Jörg: Und auch Ballett, und Konzerte in Moskau.

Andrea: Aber nein. Russland ist zu weit entfernt. Wir müssen in Deutschland bleiben.

Jörg: Vielleicht nicht. Dänemark ist nur jenseits der Grenze.

10 On the job

10·1 *Sample answers are provided.* 1. Jetzt ist sie Managerin von der Finanzabteilung. 2. Er arbeitet für Doktor Schmidt im Labor. 3. Aber man muss Freizeit haben, um einen Computerkurs zu belegen. 4. Viele Arbeitslose suchen einen Job. 5. Aber das Exportgeschäft ist noch träge. 6. Und Glück.

10·2 1. von ihr 2. dabei 3. darin 4. bei ihnen 5. zu ihnen

10·3 *Sample answers are provided.* 1. Ist sie immer Managerin der Finanzabteilung gewesen? 2. Ich bin Ärztin. 3. Können Sie uns eine neue Wohnung vermitteln? 4. Lehrt er an der Universität Hamburg? 5. Hat er viele Häuser verkauft? 6. Hat er Programmierung gelernt? 7. Möchten Sie als Dolmetscherin arbeiten? 8. Wir sollten drei neue Tischler einstellen. 9. Was machen Sie beruflich? 10. Hast du früher als Kellner gearbeitet?

10·4 1. einen Rechtsanwalt 2. ihren Großvater 3. einen jungen Diplomaten 4. eine berühmte Sängerin 5. diese Geschäftsleute 6. der Bank 7. dem neuen Betrieb 8. einem Altersheim 9. einem Computergeschäft 10. der Finanzabteilung 11. Es befindet sich 12. Unser Betrieb befindet sich 13. Zwei neue Blumenhändler befinden sich 14. Viele Geschäfte befinden sich 15. Ihr Labor befindet sich 16. Tischler 17. Gärtnerinnen 18. Pfleger 19. Bergleute 20. Programmierer 21. Ich bin 22. Du bist 23. Der Makler ist 24. Die Zahnärzte sind 25. Ihr seid 26. diesen Text 27. diese Briefe 28. ein paar Zeilen 29. das Gedicht 30. diesen Artikel 31. meinen Pass 32. Ihr Visum 33. unsere Flugtickets 34. die Fahrkarte 35. seinen Personalausweis 36. diesem Altersheim 37. einem großen Krankenhaus 38. einer Klinik 39. der Bundeswehr 40. diesem Waisenhaus 41. drei Tage 42. eine ganze Woche 43. nächsten Monat 44. vier Stunden 45. den ganzen Tag 46. Welches Werkzeug 47. Welchen Schraubenzieher 48. Welche Zange 49. Welche Bohrmaschinen 50. Welche Säge

10·5 *Sample answers are provided.* 1. Er findet keinen Job in den Stellenangeboten. 2. Aber du bist nicht der Einzige, der entlassen wurde. 3. Die wirtschaftlichen Bedingungen sind sehr schwierig. 4. Ein Kollege, der zwanzig Jahre bei der Firma war, wurde auch gefeuert. 5. Nein, du bist nur vierzig. 6. Ja, umsonst. 7. Vielleicht hätte das geholfen.

10·6 *Sample answers are provided.*

Auf der Arbeit

Angela: Wie lange bist du schon bei der Firma?

Martin: Mehr als zehn Jahre. Weißt du, dass Frau Körner schon seit dreißig Jahren hier arbeitet? Sie war einmal Verkäuferin.

Angela: Wirklich? Und jetzt ist sie die Chefin vom ganzen Betrieb.

Martin: Ihr Sohn ist Mechaniker und arbeitet für Herrn Keller in der Werkstatt.

Angela: Ich möchte Mechanikerin werden, aber ich habe keine Freizeit einen Mechanikkurs zu belegen.

Martin: Ja, die Firma ist sehr beschäftigt. Ich habe seit April mehr als vierzig Überstunden gemacht.

Angela: Ich auch. Aber ich beklage mich nicht. Es gibt viele Arbeitslose, die einen Job suchen.

Martin: Das stimmt. Die Wirtschaft ist vom Import abhängig, aber die Importrate ist noch träge.

Angela: Um in diesem Betrieb zu arbeiten, muss man Ausbildung und Glück haben.

Martin: Und Büroerfahrung.

11 Sports and hobbies

11·1 *Sample answers are provided.* 1. Ja, das ist ihre Lieblingssendung. 2. Du solltest deinen Horizont erweitern. 3. Ich bin sportlich. Ich spiele Tennis. 4. Kann sein. Aber Golf gefällt mir. 5. Man sollte Bierdosen oder römische Münzen sammeln. 6. Ich auch. Ich werde die Karten mischen.

11·2 *Sample answers are provided.* 1. Sie kommen jetzt auf das Spielfeld. 2. Mein Sohn spielt lieber Musik. 3. Nein, ich spiele heute Abend lieber Karten. 4. Ja, ich spiele jeden Morgen Tennis oder Handball. 5. Ist er vom Spielteufel besessen? 6. Nein, morgen gehe ich zum Schwimmbad. 7. Was für Sportarten kann man da spielen? 8. Ja, wir treffen uns in der neuen Sportanlage. 9. Ich gehe lieber Golf spielen. 10. Ich mache einen Sport daraus.

11·3 1. Rollschuhlaufen 2. Basteln 3. Stricken und Nähen 4. Bergsteigen 5. Hockey und Reiten 6. Ich interessiere mich 7. Du interessierst dich 8. Sie interessiert sich 9. Ihr interessiert euch 10. Sie interessieren sich 11. den Pokal 12. zwanzig Euro 13. den Mann als Freund 14. einen Preis 15. ein Stipendium 16. das Spiel 17. die Meisterschaft 18. den Wettkampf 19. den Europapokal 20. das letzte Match 21. joggen 22. Schlittschuh laufen 23. Rad fahren 24. wandern 25. bergsteigen

11·4 1. werde ich kegeln gehen. 2. hat Anna eine Medaille gewonnen. 3. konnte er den Ball nicht fangen. 4. ist diese Sportart sehr populär. 5. soll Karl gegen Andreas ringen. 6. spielt ihr Fußball? 7. kann man hier Schlittschuh laufen? 8. heben die Männer Gewichte? 9. hast du diese Briefmarken gefunden? 10. gibt es ein neues Kasino? 11. seine Schwester Sportlerin ist. 12. er die Muskeln jeden Tag trainiert. 13. sein Onkel großer Sportfreund ist. 14. Wandern und Klettern fit halten. 15. die Kinder im Sommer Federball spielen. 16. über den Fluss 17. über den Teich 18. über den See 19. am schnellsten 20. mit dem Schiedsrichter 21. er hat nicht trainiert. 22. sein Gegner war viel stärker. 23. Golf gefällt ihm nicht. 24. die Hanteln waren zu schwer. 25. der Andere war viel sportlicher. 26. der Gewichtheber mit kurzen Hanteln trainiere/trainierte. 27. ihr Bruder sehr gut Rad fahren könne/könnte. 28. die Mädchen Schach spielen wollten. 29. unsere Mannschaft sehr schlecht sei/wäre. 30. das ihre Lieblingssendung sei/ wäre. 31. der neue Spielplatz ist? 32. man im Harzgebirge bergsteigen kann? 33. die Jungen Basketball spielen? 34. ich Golf lernen kann? 35. er beim Klettern abgestürzt ist? 36. gehen wir oft Schlittschuh laufen. 37. stricke ich ein paar Pullover. 38. haben sie den Europapokal gewonnen. 39. interessiert er sich nicht für Tennis. 40. spielen alle Hockey. 41. sein Bruder geht oft angeln. 42. seine Schwester bleibt zu Hause und näht. 43. die Mannschaft ist sehr schwach. 44. die Anderen spielen lieber Tischtennis. 45. nicht so gut wie sein Bruder. 46. sie spazieren gehen wolle/wollte. 47. er andere Münzen gesammelt habe/hätte. 48. Mutter noch einen Pullover stricken könne/könnte. 49. Schwimmen fit halte/hielte. 50. Lars Gewichte heben müsse/müsste.

11·5 *Sample answers are provided.* 1. Sie ist im allgemeinen eine gute Tänzerin. 2. Es ist verständlich, dass er Country Western tanzen lernen will. 3. Ja, er ist sehr sportlich. 4. Sie interessiert sich jetzt für Fotografie. 5. Sie macht ausgezeichnete Aufnahmen. 6. Stimmt nicht. Es gibt ein Schwimmbad in der neuen Sportanlage.

11·6 1. viele alte Bücher 2. neue Ansichtskarten 3. silberne Gabeln 4. mehr als vierzig Witze 5. alte Tassen 6. ins Theater 7. tanzen 8. Camping im Wald 9. in die Oper 10. zelten 11. das Leben im Mittelalter 12. berühmte Sportler 13. die Weltgeschichte 14. den Zirkus 15. die Freikörperkultur 16. fotografiere ich Vögel 17. lerne ich Country Western tanzen 18. spiele ich Computerspiele 19. stelle ich Keramikvasen in Handarbeit her 20. gehe ich oft zum Schwimmbad 21. den Campingplatz 22. den jungen Filmamateur 23. die Modellbauer 24. die wilden Tiere 25. die Country Western Tänzer